大展好書　好書大展
品嘗好書　冠群可期

大展好書　好書大展

品嘗好書　冠群可期

武術特輯
117

太極拳
能速成嗎

張武俊　著

大展出版社有限公司

序

黑龍江省寧安市寧古塔太極拳協會會長　王殿家

太極拳運動作爲國粹，在我國有著廣泛的群衆基礎。但習練太極拳的人大多數不能堅持到底，或者望而卻步，或者半途而廢，原因何在？我認爲有以下幾個方面：

首先，太極拳的習練一直遵從著「太極十年不出門」的定論。想要強身健體的練習者一聽就心灰意冷，喜歡防身技擊的人就更不願意去學習了，畢竟十年呀，才能練會，才能出功夫。

其次，太極拳強身健體理論的研究宣傳不到位。它爲什麼能強身健體，理論依據何在，事例有多少等等，都還沒有確切的、科學的研究成果來證明。大多數中國人對太極拳的認識僅僅局限於一種神秘的、難以理解的但卻高雅的國粹，有些「只可遠觀而不可褻玩焉」的感覺。

再次，對於太極拳練習者範圍的認識有誤區。一直以來都認爲練習者除了大師、運動員就大都是一些身體孱弱、有空閒時間的老人和退休人員。

這些癥結阻礙了太極拳運動的發展。

寧古塔太極拳協會的全體會員，在張武俊總教練的指

導下，經過十個月的太極拳速成練習，身體狀態都有了明顯的改觀，每個人的身體健康了、精神煥發了、步伐矯健了，什麼高血壓、高血脂、高血糖、腰酸腿痛等，都一掃而光了。

一個家庭乃至一個國家的興衰，人民的身體健康是至關重要的。速成太極拳能使練習者在很短的時間裏調整心態，平衡體液，恢復體力，防身健體，抗擊來犯之敵。我們一定要大力發展太極拳運動。太極拳作為我們中華民族五千年悠久歷史和博大精深的思想文化集合體，對於我們保衛、建設偉大的國家，構建美好和諧的社會，有著重要的作用和意義。

日本每個兒童一日一杯牛奶振興了一個民族。我們中國為什麼不用一杯牛奶加上一套速成太極拳來提高國家和民族的素質呢？讓太極拳把每一個中國人都鍛造出鋼筋鐵骨，為中華民族的偉大復興奠定健康基礎，為中國屹立於世界強國之林作出它應有的貢獻。

前 言

　　國人把太極拳稱爲「瑰寶」；外國人說：太極拳是中國古代的第五大發明。我認爲這些話一點也不爲過。因爲太極拳以古代五經之首的《易經》爲基礎，匯醫、道、佛、儒、武學於一身，熔古代吐納、導引、技擊術於一爐，集優美、高雅、時尚、品味等優點於一體而風靡世界各地。發展到今天，太極拳已不再是從前的只傳家人不外傳、鎖在深閨人未識的武功，而成爲了一種有著豐富底蘊、深厚內涵、博大精深的文化了。

　　目前，國內外練太極拳的人越來越多。公園裏、大江邊、林蔭樹下、街道旁……晨練太極拳的人隨處可見，但能眞正做到動作標準、規範的人並不多，得到功夫者更是少之又少。大多數人連最基本的要領，如虛領頂勁、含胸拔背、沉肩墜肘等都沒有掌握，根本談不上「入門」亦或登堂入室了，正應了那句老話：學者多如牛毛，成者鳳毛麟角。有的人學了二三十年甚至一輩子，「門」都沒找到，更談不上領悟她的眞諦了。可謂惜哉，悲矣！

　　太極拳眞的那麼難學嗎？答案是肯定的。古代先賢、行家都說：「太極十年不出門。」似乎此說已成定論。然而現代化的生活日新月異，人們的生活節奏不斷加快，工作效率不斷提高，這種高效率、快節奏的生活與「太極十

年不出門」的漫長歲月形成了鮮明的對比、強烈的反差。是啊，人生能有幾個十年呀！即使太極拳再是「瑰寶」，再是「第五大發明」，有多少人能窮一生精力去研究她、追求她、修練她呢？這麼說，練太極拳就沒有捷徑可尋了嗎？非也！武式太極拳老前輩李亦畬的《五字訣·序》曰：「母舅武禹襄……研究月餘，而精妙始得，神乎技矣！」以李老前輩的為人、做人和文風看，此序絕對不假。但是以筆者修練太極拳兩年零九個月求得真正懂勁的實踐看，大有童話故事裏「小馬過河」之寓意。既不像李老前輩說得那麼好學、那麼快，也不像傳說中的那麼難、那麼慢。我覺得一年左右入門，兩年左右懂勁，三年一小成是沒什麼問題的。否則，不是未遇明師，就是自己太笨。事實上，古人的論述並沒有錯。

「研究太極拳月餘而神乎技矣」說，指月餘便可以掌握太極拳的原理；「十年不出門」說，指練到頂尖高手的程度。而我說的三年則是指一小成。雖然達到了真正懂勁，但功力尚淺，仍需繼續修練。

筆者曾將自己修練太極拳速成的心得體會寫成文章，在《搏擊》2004 年第 9 期和《少林與太極》2005 年第 11 期刊出後，全國各地太極拳愛好者紛紛來電致函，打聽、諮詢甚至要前來學習、切磋。這些愛好者學拳的心情深深地打動了我，也使我深深感到有責任、有義務把自己速成的經驗「道」出來，使更多的太極拳愛好者能夠早日步入太極拳的神秘殿堂，讓國之瑰寶——太極拳能夠得到快速普及和發展。只恨筆者不才，缺乏經驗，錯誤之處在所難免，誠請太極拳界前輩、同好批評指正。

太極拳能速成嗎

内容簡介

「太極十年不出門」，是三百多年拳史對太極拳的定位。然而，人生能有幾個十年呀？有多少人能窮一生精力去研究她、追求她、修練她？那麼，練太極拳就沒有捷徑可尋了嗎？非也！

武式太極拳老前輩李亦畬的《五字訣‧序》曰：「母舅武禹襄……研究月餘，而精妙始得，神乎技矣！」本書作者以自身修練太極拳兩年零九個月求得懂勁的實踐爲依據，用獨樹一幟的觀點、另闢蹊徑的方法，賦予了太極拳全新的理念和定位──太極拳速成，並詮釋了太極拳速成的秘密，而且還保留了太極拳的原汁原味。作者認爲，練習太極拳「一年左右入門，兩年懂勁（出功夫），三年一小成（功夫中乘）」是沒有問題的，並設計了一條速成的捷徑：明理──基本功訓練──單式訓練──套路訓練。

太極拳能速成嗎？答案是：能！

作者簡介

　　張武俊，1964 年生，黑龍江寧安市人。1999 年 10 月開始接觸太極拳；2003 年 6 月向「玄中太極拳」創始人李金龍先生學拳，2004年 10 月拜師，期間有緣與多位高手長期切磋、交流，並開始在練拳的同時尋究、探索太極拳速成的訓練方法，僅兩年零九個月即達懂勁程度。曾撰文《怎樣快速練好太極拳》，發表於《搏擊》2004 年第 9 期、《少林與太極》2005 年第 11 期，引起太極拳愛好者的廣泛關注。應廣大愛好者的要求，將自己的練拳感受、體會及訓練方法歸納總結寫成此書，以饗讀者。

目　錄

第一章　啓悟

第一節　太極拳的十大魅力

目前，太極拳在世界各地方興未艾，生機勃勃，發展迅猛，被人們廣泛喜愛和接受。那麼，太極拳的魅力究竟何在呢？我認為有以下十項。

一、健　康

提到全民健身的運動項目，目前比較時尚的有游泳、保齡球、瑜伽、高爾夫球等，大眾化的有踢毽子、乒乓球、跑步等。武術類，外國的有跆拳道、柔道、合氣道、拳擊等，國內的有太極拳、少林拳、武當拳等，項目繁多。

而太極拳作為一項身心兩健的運動，有其更加明顯的優勢。她高雅，有品味，很時尚，又不受時間、空間、場地、人員、器械等條件的限制。拳打臥牛之地。地方小、時間少，可以自己練單式；地方大、時間足，可以盤架子（套路）、多人練。

家裏家外隨處可練，非常方便且老少皆宜。她區別於其他運動的一個主要標誌是：她是標本兼治的有氧運動。她含養生、練氣、技擊於一體，外在治標，內在治本，標本兼治，性命雙修，是其他拳種無法相比的。

二、防治疾病

1. 打太極拳須先入靜，入靜後即可忘卻一切煩惱事，以一念代萬念的心意運動，使人氣定神閑，精神飽滿。心無煩惱事，身上百病消。

2. 太極拳在鬆、沉、柔、緩的運動形態中，使人體的肌肉、骨骼、精神放鬆。在放鬆的同時，使血管盡可能地舒張，從而有效地促進血液循環、淋巴循環，達到預防和治療高血壓、動脈硬化、腦血栓、血硬塊等心腦血管疾病和其他疾病的目的。

3. 太極拳的螺旋纏繞、鬆活彈抖、躥蹦跳躍等運動特性，幫助胰腺將過剩的脂肪燃燒掉，並似擰毛巾一樣將體內的水分擰擠出來揮發掉，促進了人體的新陳代謝，從而有效地控制住糖尿病情。

4. 太極拳的基本功訓練可以有效地預防和治療肩周炎、頸椎病、腰間盤突出、後背痛、股骨頭壞死、關節炎、腰酸腿疼等病症。

筆者以中醫天人相應理論為構架（即太陽系中九大行星圍繞太陽運轉，而人體中肩、肘、腕、胯、膝、踝、頭、手、足都圍繞脊椎運轉的原理），總結歸納了其他拳種流派的特點，在揚棄的基礎上有所創新，編出一套基本功訓練法。實踐證明其中的「一二三四轉」對以上病症的

療效非常顯著。

5. 太極拳基本功「一心二意三打輪」中的「一心二意」纏絲勁練習，經實踐證明，對預防老年癡呆、治療小腦萎縮有特效。

在此，筆者僅僅枚舉以上幾例被實踐證明了的病症來說明太極拳對疾病的防治功效，其實遠遠不止這些。

三、防身自衛

冷兵器時代，技擊是太極拳真正的魅力所在，被武林人士推崇為上乘武功。她的借力打人、四兩撥千斤之功，簡直是妙不可言，歎為觀止。

隨著時代的變遷，槍炮出現，到如今，她的技擊功能已退居到次要的位置。然而，隨著市場機制的確立、形成和完善，經濟的繁榮，生活水準的提高，人們期盼著「平安」的環境，某種程度上安全也逐漸被重視起來。

那麼，習練太極拳可以使人頭腦靈活、手腳敏捷，遇到緊急情況時臨危不懼、從容不迫，從而有效地進行防身、自衛。

四、職　業

隨著時代的發展、社會的進步，人們對健康的要求越來越高，對健康的投資越來越大，學太極拳的人也越來越多，這樣修練太極拳成功者可將其作為一種職業。

目前，深明拳理、功夫上身的人並不多，只要你努力，只要你肯學，經由二三年的苦練，你就可以成為一名名副其實的教師或教練。

過去，楊露禪、陳發科等都在北京從事教拳職業。楊露禪譽滿京城，被稱為「楊無敵」；陳發科弟子眾多，成大器者如沈家楨、顧留馨、雷慕尼、田秀臣、洪鈞生、馮志強等都享譽後世。

目前，陳家溝四傑中的陳小旺在澳大利亞教拳，朱天才在新加坡教拳，張志俊在家每年五一、十一辦兩期培訓班，楊振鐸的孫子在美國西雅圖教拳，等等。在國外如美國、英國、德國、法國、義大利等國，比較有名的太極拳師月薪都較為可觀，而且深受當地人的尊重。所以說，太極拳教練是一種很高尚、令人羨慕的職業。

五、產　業

目前，體育成為世界上很大的一項產業，這一點我們從申辦奧運會的激烈角逐中不難看出。一個城市如果申奧成功了，那麼伴之而來的將是一整套的產業鏈，所創造的經濟效益和社會效益無法用金錢估量。

太極拳成為產業的前景被普遍看好。陳式太極拳傳人陳正雷在河南鄭州正式開辦公司，影響很大。各地武館、院校相繼成立，伴之而來的產業鏈項目繁多，商店裏琳琅滿目，刀、槍、棍、棒十八般兵器樣樣俱全，各種服裝、鞋帽異彩照人。

太極拳給人帶來了很多機會，特別是太極拳產業更是前景誘人，學習、推廣、普及太極拳既可成就一番事業，又能得到財富。

六、文　化

1. 太極拳是以《易經》為基礎，相容醫、道、佛、儒、武學的一種博大精深的文化。

首先，太極的陰陽對立揭示了世界上一切事物的總規律；其次，太極拳的陰陽消長，陰中有陽，陽中有陰，陰陽互根的理論揭示了世界上一切事物發展的普遍規律；再次，太極生兩儀，兩儀生四象，四象生八卦，八八六十四卦的五行生剋制化原理揭示了每一事物的特殊（個體）規律，準確地揭示出事物的數量、品質、時間、空間、地點等等規律，其博大精深可見一斑。

2. 相容醫學

中醫學的理論基礎就是《易經》，以陰陽五行生剋、乘侮為原理對病人進行治療，從而使人體達到陰陽平衡、祛病健身的目的。經絡學說的手足三陰三陽、任督二脈、奇經八脈等加起來共計 28 脈，是我們練習太極拳行氣、吐納、導引的關鍵，關係到每一個太極拳練習者功力的高低、深淺、大小。

3. 相容道教

道生一，一生二，二生三，三生萬物，揭示了事物的發展規律，與太極生二儀，二儀生四象，四象生八卦，異曲同工，一個道理。丹道分內丹、外丹。

外丹是指煉丹製藥，口服後達到長生不老的目的。內丹則是指太極拳練習者氣沉丹田，對丹田宗氣的修練。由行拳、運氣，使丹田內宗氣集聚，供應肌體，從而達到後天補先天之氣的目的。「人與仙一念間，就在中間顛倒

顛」，說的就是這個道理。

4. 相容佛教

明心見性、捨己從人、殺身成仁、物我兩忘、普度眾生是佛教的主要思想。如果把太極拳修練分為三個階段：第一階段入靜，即佛教的明心見性；第二階段是借力打力、捨己從人；第三階段就是物我兩忘、無形無象，即一個「空」字。

5. 相容儒學

儒學的不先不後、不左不右、不上不下即中庸，是其思想內核。

具體表現在仁、義、禮、智、信等方面，落實到每個人身上就是修身、齊家、治國、平天下。太極拳的不偏不倚、無過不及、中正安舒正是中庸思想的具體體現。

6. 相容武學

太極拳本身就是武術。我守我疆、不卑不亢，彼不動我不動、彼微動我先動，後發先至等精神，都是武學思想的內容。而「知己知彼，百戰不殆」是其精髓。欲要知彼，必先精神內守，審察來勢，或以逸待勞，或避實擊虛，或佯輸詐敗，或聲東擊西；若不能審察來勢，則不能防人，更談不上贏人。

總之，太極拳成為一種文化是其本質的魅力所在，是十大魅力中最吸引人的魅力。

七、朋　友

俗語說：多個朋友多條路，朋友多了路好走。以太極拳為媒介，可以不斷地結識朋友，透過交往甚至可以處成

今生今世的知心朋友。

因為練太極拳交上的朋友是建立在志同道合基礎上的，比較牢靠、穩定。其次，練太極拳需要一起推手、研究、揣摩，反覆習練、談感受、說體會、找感覺，有共同語言，能長期相處，並且由走出去，請進來，擴大縱、橫向的聯繫，廣交朋友，開闊視野，營造一個快樂的環境和氛圍。有人說：朋友是財富，是生產力。這句話非常有道理。

八、快　樂

快樂是一種心態，一種品味，一種境界。練太極拳可以陶冶心性，平和心態，提升品味，達到一種境界，樂在其中，快樂一生。大成拳創始人王薌齋前輩把民國時期著名學者王國維說的人生有三種境界融入練拳中，真是恰到好處！

一是衣帶漸寬終不悔，為伊消得人憔悴。此為初始階段，處在興奮狀態，好而求之，是愛中取樂。

二是昨夜西風凋碧樹，獨上高樓，望盡天涯路。此為轉折階段，處在迷惑、挫折、彷徨狀態，此為惑中求樂、盼中取樂、苦中尋樂。

三是眾裏尋她千百度，驀然回首，那人卻在燈火闌珊處。此為成功階段，已曉拳理，達懂勁，欣欣然，一片神行，乃甜中樂也！

九、改變氣質

長期修練太極拳能使人的言談舉止、行走坐立、為人

處事等都發生明顯變化，久而久之則引起氣質上的變化，甚至脫胎換骨，判若兩人，讓人發出三日不見乃刮目相看之感慨。堅持練拳有如下收益。

1. 增長學識、才幹，改掉清高、孤傲的習性。
2. 增強膽識、魄力，打消安於現狀的念頭。
3. 培養意志、情操，摒棄得過且過、不求進取的思想。
4. 提高素質、能力，克服我行我素、專橫野蠻的行徑。
5. 樹立威信、塑造形象，剷除「壞」「孬種」等劣根。
6. 修練心性、成熟練達，緩解「急性子」的性格。
7. 鍛鍊恒心、毅力、耐力，去除懶惰渙散的性情。
8. 堅定信心、鼓足勇氣，去掉見硬就回的心態。

十、長　壽

自有人類以來，人們就一直在尋求長生不老的靈丹妙藥。當然，長生不老只是人們所期盼的美好願望，而長命百歲卻是由養生、健身、保養所能達到的。《黃帝內經·素問》就記載著「人可度百歲乃去」的論述。

現實生活中，因為練太極拳而長壽的人有很多，如陳長興活到 82 歲、楊露禪活到 70 多歲、吳圖南活到 106 歲、洪鈞生活到 90 歲等。練太極拳為什麼能長壽呢？

首先，太極拳由導引將肺部之氣沉入丹田，從而減輕肺部、胸腔的壓力和負擔；

其次，丹田之氣久集而凝聚成宗氣，可補先天元氣，使後天返先天；

其三，由引導可引離（祖竅，即印堂穴或玄關穴）入坎（腎），引坎入離，使火水未濟變成水火既濟，用離火

煮坎水，宗氣足，腎氣壯，自然健康長壽。

只要堅持長期練拳，高高興興每一天，輕輕鬆鬆活一百歲是完全可以做到的。

第二節　太極情緣
——我的學拳經歷

孩提時，常聽姥姥講隋唐故事，四猛十三傑、十八條好漢……我幼小的心靈埋下了學習武功的種子。

中學時，聽劉蘭芳講評書《說岳全傳》，為岳飛精忠報國、武功高強、掃蕩群氛的英雄氣概所打動。

入伍時，看的第一場電影是《少林寺》，裏面的武打場面深深地吸引了我，並為那高超的功夫所折服，開始一點點模仿起來。

大學時，金庸筆下的凌波微步，梁羽生的殺人不見血、刀下一點紅，令人拍案叫絕，激發著我的好奇心和對神秘功夫的求學欲望，希望自己總有一天也能練就蓋世武功。但是，一直沒機會，只是想想而已。

儘管如此，我還是每天堅持正、側踢腿練習和倒立，鯉魚打挺，前手翻等動作訓練。隨著年齡的增長和個人的努力，我由當初的運輸公司調到交通局，後又調到縣（市）委組織部，工作逐漸繁忙起來，加之學拳的條件不成熟，也就放了下來。

直到 1999 年，電視臺熱播了一部連續劇《太極宗師》，我深深地被主人公那借力打人、四兩撥千斤將人發出丈外的優美動作和神奇功夫所吸引、所感染。同時，由

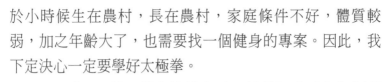

於小時候生在農村，長在農村，家庭條件不好，體質較弱，加之年齡大了，也需要找一個健身的專案。因此，我下定決心一定要學好太極拳。

1999 年 10 月，機會終於來了，牡丹江市委在每個所轄縣（市）、區抽調 1 名工作人員，一是協助進行「三講」教育，二是接受培訓後，回來進行本縣（市）、區的「三講」教育。

我有幸被抽調，食宿在北山賓館。清晨起床後到北山公園裏散步，發現一位女老師的太極拳、八卦劍練得特別好，便向她請教。到年底，「三講」教育結束了，我也依葫蘆畫瓢學會了一套陳式太極拳。

「三講」期間，我的工作調動，任縣（市）物價局副局長兼檢查所長。工作之餘，我堅持每天練拳。雖然長不了多少功夫，但對健身還是有好處的。也曾買過很多音像資料、書籍，甚至到處找人請教，但都只是動作有些規範，比以前稍有進步而已。

2003 年 5 月 13 日，正值「非典」，我協調衛生局帶隊去鄉鎮衛生院檢查藥品價格時出了車禍。在住院的日日夜夜裏，我想了很多、很多。感觸最深的是生死一瞬間，才覺得身體的重要，生命的可貴，應把握住生命中的每一天。

有一個故事把身體比喻為前面的 1，把妻子、孩子、車子、房子、票子比喻成後面的 0，說前面的 1 沒有了，後面都是 0。故事雖說滑稽，但說理精闢，確實給人啟發。此後的一段時間裏，我把閒暇之餘都用在了練拳上。

2003 年 6 月，一個星期天的早晨，我乘車到牡丹江市

兒童公園，看到有一中年男子正在練陳式太極拳，動作優美，流暢處透著飄逸，實在是美極了。

待其練完正要上前詢問時，他一眼便認出了我，道出我三年前在北山學拳時的情景。此人名叫潘國生，後來成了我的三師兄。經他引薦，我認識了李金龍。

李金龍何許人也？8歲入少林寺；7年後，經少林寺懸緣大師介紹去陳家溝拜陳振文為師，學習陳式太極拳9年；期間經常向陳立憲、陳立法師叔，陳立清師姑學習，與他們一起研究拳理，切磋拳技。學成後，在國內外四處雲遊，訪名家，會高手，被武當山金頂名劍張旭道長授予道號「玄中」。

瞭解李師傅的情況後，我心想，得與李師傅試一試，這年頭名大於實的所謂「名人」實在太多了。

到武館後，我把想法說出來，李師傅爽快地答應了。我與李師傅剛一搭手就被扔了出去；隨我同去的朋友不服，上前與李師傅過招，只一個照面也出去了。之後的三年時間裏，我利用節假日、星期天等空閒時間去武館學拳，風雨無阻，堅持至今。

後來又結識了范廷君和薛雲龍兩位老師。范老師擅採法，薛老師擅肘法。兩人師承北京杜老先生，杜先生師承陳照奎，並與陳發科弟子田秀臣的侄子田秋信、田秋茂、田秋田等關係甚篤。在范老師的幫助下，我進步很快。

有一同事研練吳式太極拳十餘年，其師較有名氣，師承北京大家李秉慈。在他的真心幫助下，我得到了吳式太極拳秘不外傳的內功心法，受益匪淺。

2005年5月，一個偶然的機會，我認識了來兒子家養

老的山東省臨清縣被稱為「劉氏三絕」的劉振河老人家。劉老前輩文化程度不高，可是講起拳理來卻能咬文嚼字，滔滔不絕。

他的「三絕」一是白袍槍，二是搖刀，三是沾黏捶。沾黏捶（亦稱黏手）屬少林門，共十二路，與太極拳有異曲同工之妙。劉師傅教誨道：「武學真諦，一個是快，一個是黏，巧拿不如拙打，打得好不如黏得好。」

透過劉振河師傅介紹，我又認識了他的徒弟田慶利。在與田慶利的交往切磋中，我們將黏手與太極拳的沾連黏隨融合在一起，每晚堅持兩小時摸手練習，很快我的聽勁、懂勁功夫就發生了質的飛躍。

我在《搏擊》《少林與太極》雜誌上發表了《如何快速練好太極拳》這篇文章後，接到很多太極拳愛好者打來的電話，經由交流，我的理論水準又上了一個新臺階。

目前，我已被寧古塔太極拳協會推舉為總教練，每天早晨在江邊公園教授太極拳。有人用「百年修得同船渡，千年修得共枕眠」來寓意夫妻之間的緣分，有人用「前生五百次回眸，才修得今生一次擦肩而過」來說明人與人之間的緣分。那麼，我能幸運地結識許多前輩、高手，並將學到的功夫再傳授出去也是一種緣分，我想這就是太極情緣吧！

第三節　練拳感言
——速成原因的個性化分析

下面將我練太極拳速成的體會進行剖析，供太極拳愛

好者參考，以便起到拋磚引玉的作用。

一、大道至簡

別把太極拳功夫複雜化，須知越是真理的東西越簡單，但不是初始時的簡單，而是複雜後的簡單，如同實踐與認識的關係一樣，實踐、認識，再實踐、再認識，循環往復，以至無窮，但實踐、認識的每一過程都較上次進到了更高的一個程度。

因為人的資質、悟性以及周圍環境不同，所接受的教育不一樣，駕馭事物的能力、水準、快慢程度自然就有所不同。同樣一件事有的掌握快，有的掌握慢。

在我國佛教史上，五祖弘忍是漸悟成佛的，六祖慧能則是頓悟成佛的。我在學習太極拳時，踏掌的訓練當天就掌握了，並且用起來就好使、管用，只是功力尚淺；而掩手捶的訓練則經歷了整整一年的時間才掌握。抗戰期間，有種理論叫「急用先學、立竿見影，專項培訓、鞏固提高」，面對鬼子的戰刀，我們就採取了這種辦法，即拼刺刀「向左刺殺！向右刺殺！向前刺殺！」的速成法，實踐證明確實行之有效。

在學拳的過程中，有些單式可以拿出來單練，用時順手，立馬見效，就屬於「急用先學、立竿見影」；盤架子（套路）就是「專項訓練」，意在「鞏固提高」。實踐證明，這是太極拳速成的一種好方法。

二、轉變觀念天地寬

轉變觀念是打開太極拳之門的金鑰匙。陳王廷的《拳

經總歌》說：「諸靠纏繞我皆依。」王宗岳的《太極拳論》曰：「左重則左虛，右重則右杳，仰之則彌高，俯之則彌深。進之則愈長，退之則愈促。」「捨己從人。」說的就是要轉變觀念。

捨棄主觀臆斷，順從對方意志，在順從對方意志的同時將對方制住，與大禹治水是一個道理。在與人推手時，我經常遇到的情況是：搭手畫圈後，只要我稍微用力，對方便僵硬，與我對抗，這就犯了主觀臆斷的錯誤，必須改掉；否則，我見硬（掤）就打，見硬（掤）就發。這時，對方應該順從我的意志，在順從我的意志的同時尋找間隙，反將我控制住，只有這樣，別無選擇。

三、學拳先明理

太極拳的理論基礎、理論依據源於《易經》。陰陽理論為太極拳提供了世界觀和方法論指導。我研《易》十餘年，學太極拳時，我的理論基礎已經非常紮實，為太極拳的學習提供了理論指導，也是速成的一個重要原因。例如，太極拳八法掤、捋、擠、按、採、挒、肘、靠即與八卦的方位乾、坤、坎、離、巽、震、兌、艮一一對應。太極拳的步法進、退、顧、盼、定即與陰陽五行的金、木、水、火、土一一對應。

但值得注意的是，我們學拳只要掌握《易經》基礎知識和原理即可，千萬不要鑽進這個迷宮，否則是很浪費時間和精力的。

四、善於思考、擅長寫作

最初因我是以擅長寫作而由運輸公司調到交通局，再調到組織部的。長期寫作使我養成了勤於思考，善於積累、歸納、分析、總結的習慣。

練太極拳一樣要勤於思考，反復揣摩，經常總結，並對自己的感覺作出正確與否的判斷。及時把這種感覺放到實踐中來驗證，從而使你的判斷得到證實。這樣你就能深刻領悟、快速掌握，進步神速。大家們常說：一個人的素質決定其修練太極拳層次的高低和速度的快慢。

五、實　踐

武術界常講：「實踐出真知、實踐出經驗、實踐出功夫。」我之所以能速成，除以上原因外，就是在不斷的實踐中摔打出來的。

記得剛開始學拳時，師傅只用太極起勢，一連打了我五個跟頭；一個高探馬勢，將我橫空拋起，至今仍心有餘悸；在請教獸頭勢時，由於是被彈抖出去的，倒地後肋骨軟組織損傷近四個月才有好轉；師傅的一個蹬一根使我的腓骨脫節。

有人說我出功夫快是練太極拳的天才，是太極拳界的「小神童」。我並不這樣認為，我還相差很遠，功力尚淺，體質弱、資質差，只是悟性好一點。我認為只有兩類人學不會太極拳：一類是太笨，不想；一類是太精，不練，總想投機取巧。須知一分汗水，一分功夫。除此兩類人外，只要你堅持下來，一定沒有問題。

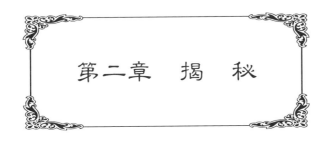

第二章　揭　秘

第一節　什麼是速成

　　我認為太極拳在初級階段可分為兩個部分：門外和門裏。如果沒有明師指點，入門是很難的。我認識的幾位太極拳朋友中，有練了十多年沒入門的，有練了二十年仍然沒有入門的。我感到很遺憾，甚至有些悲哀。不客氣地說：他們繼續練下去，一輩子都很難入門。

　　如果按照我設計的方法去練，則可直接入門，因為這種方法是直接把你送到了門裏。大連的行家張奇說：方法對路、訓練得法，練百天比練十年要高很多。這句話我深有同感。

　　我認為太極拳在入門後（含入門），還可分四個階段：① 入門（三流水準）；② 懂勁（二流水準）；③ 懂勁後期（屬上乘、一流水準）；④ 階及神明。這裏說的「神明」，是指已達到應物自然、物我兩忘、滿身透空的境界。

　　而我說的「速成」，是指達到懂勁程度，即二流水

準，所需時間 2～3 年。因為按我設計的方法，基本功需要半年左右的時間，學習套路需要半年左右的時間，剩下的就是按照我的方法練習了。

我總結的這種方法，具有一定的科學性、合理性，可經由標準化、程式化訓練達到理想效果。這種標準化是將每一式中的每個動作都進行分解、量化，只要按照這個程式或軌跡訓練，完全能做到速成。

其實，求入門和懂勁很簡單。不要把太極拳神秘化、複雜化。俗話說：「真傳一句話，假傳萬卷書。」要不然武禹襄老前輩怎能在陳清萍處「學拳月餘而神乎技矣」呢？究其原因有二：

其一，武禹襄跟楊露禪學過一段時間，也就是說有了一定的基礎或基本功；

其二，武禹襄通過哥哥武澄清縣令把正攤了官司在坐牢的陳清萍救了出來，陳感激武而傾囊相授。

可是，過去的明師是不輕易教人的。我們應該理解太極大師們的苦衷和用心。

因為在當時的歷史條件下和封閉環境中，他們花費了十數年或數十年的時間、精力及代價，得到的功夫實在是來之不易，不可能輕易給人，同時也是害怕沒把握住傳給了壞人，不但害人還毀壞了自己的名譽，因此，即便是教人，也要對其人進行長時間的、嚴格的考驗。有句話說：「是金要燒三日滿，辨才須待七年期。」後句的意思是說，考察一個人的道德、品質、修養，需要七年的時限。

然而，時代不同了，現代化的高效率、快節奏，不允許我們用十年、二十年甚至窮其一生去研究她，所以說，

適應時代需要的方法也要變。再者說，能讓全世界的人們快速地掌握太極拳，達到健康長壽的目的，能讓國之瑰寶太極拳為全人類服務，不好嗎？

第二節　入門之秘

練拳先明理，理明則路通，路通才能速成。那麼，入門之「秘」在哪裏呢？

1. **秘在最後一個字，即把握住十三勢中的最後一個字——「定」，是太極拳入門的捷徑。**

中定貫串於進退、顧盼、虛實變化的始終；中定貫串於每一個式子的始終；中定貫串於太極拳整個套路的全過程；中定貫串於推手、打手過程的始終。也就是在練太極拳的過程中，隨時隨地、分分秒秒、時時處處都處在中定之中。只有這樣，你才能八面支撐，中正安舒，保持平衡，穩如山嶽，處處得機得勢。否則，你就會站立不穩，歪斜彆扭，為人所乘。

例如，打掩手捶，右拳打出去 100 斤的力，左肘向後對拉也要有 100 斤的力。如果左肘向後對拉的是 50 斤的力，那麼另 50 斤的力就會產生慣性促使身體前傾或前移，這本身就破壞了自己的中定。

也就是說，即使對方不捋（走化），你也會站立不穩，如果對方順勢一捋，你非被拔跟出去不可。試想連自己尚且站立不穩，怎麼去贏人？

2. **秘在「揣摩」**

深思熟慮後再行動，你首先要想一想如何下手才能速

成？「老虎吃天，無從下口」是不行的。不管怎麼樣，你就先學一招，把這一招學會、搞通、弄精了。一招精則百招通，一招通招招通，舉一反三，觸類旁通，所有招式便會迎刃而解。

3. 秘在「找個好搭檔、好夥伴」

較技是兩個人的事，一個人怎成？理明瞭，招熟了，你就得多實踐，勤實踐，長期實踐。

我說的實踐是在別人身上實踐，與強者實踐、與高手實踐，最好是與師傅實踐。只有這樣，你才能長經驗、長能力，進步才快。那些高手、明家之所以成「明」、成「家」，是因為由實踐才被人們認可了的。

第三節　懂勁之秘

入門和懂勁是相輔相成的。在正確的理論、方法指導下，經過一段時間的修練就可以從入門到懂勁。天理即拳理。按天人相應理論，水、金、地、火、木、土、天、海、冥九大行星圍繞太陽運轉，那麼人體的脊柱或丹田好比太陽，肩、肘、腕、胯、膝、踝、頸、腰、頭好比九大行星，它們在有規律地、有順序地旋轉運行。

再舉一例，自行車的道理與太極拳動作有很多相似之處。自行車的把芯子好比脊柱或丹田，把手好比手臂，前叉子好比兩腿，車輪胎與地面接觸處好比腳。自行車的把芯子與把手左右轉動是同步的，那麼練太極拳時人體脊柱的左右轉動與手臂動作也需要同步進行。

但是，自行車的把手是死的，而人的手臂是活的，懂

勁之秘的關鍵就在這裏。

回到上一例，九大行星圍繞太陽同步旋轉是公轉，除此之外，九大行星本身還有自轉。那麼，手臂的上下、前後、左右六個方向變化就是自轉。也就是說，手臂在隨脊柱、身體同步旋轉的同時，還可以隨時隨地發出六個方向的勁的。但必須說明白的是，其前提是在中定的情況下，是在同步的情況下，在兩腳分清虛實的情況下。

自行車之所以運轉靈活是因為一點著地，那麼，腳的虛實轉換同自行車的輪胎是一樣的，也就是說在八面支撐的同時也要做到八面轉換。

以上說的是外形，僅瞭解、知道、熟悉外形是不夠的，還要理解、掌握、駕馭更深層次的東西，即內動。何謂內動？如何內動？

大部分的書中只介紹或者提到內動，沒有解釋明白。所謂內動，這裏是指太極拳運動的內在本質而顯於外的表現形態，說的是內勁運行。它與外形互為表裏，同時並存於太極拳的運動之中，主要表現部位是丹田，也就是人們通常說的丹田內轉或丹田潛轉等。它是太極拳修練者達到懂勁或向更高層次發展所必須掌握的東西。

現舉一例來說明丹田如何內動。夏天辦公室或家庭居室裏用的立式電風扇最能說明問題，與丹田內轉非常相似。太極拳運動絕大多數時間處於「電風扇」的運動形態。垂直地面用來支撐和固定電風扇的立柱好比人的脊柱，風扇頭好比人體的腰或丹田，電風扇左右來回擺動好比腰以脊柱為軸的左右旋轉，風扇內裏的葉片、葉輪做順、逆時針或立圓旋轉就好似人體的丹田內轉了。

它是腹部以丹田或者說以肚臍眼為軸或圓心，進行順、逆時針立圓旋轉的。這正是內動的秘密所在，也是太極拳的核心所在。《太極拳論》中提到「刻刻留意在腰間」「命意源頭在腰際」「源動腰脊轉股肱」，說的都是這個秘密。也就是說，動力源在腰脊，腰脊的有序旋轉帶動四肢的有序旋轉。

我們發現有的電風扇除了左右旋轉和上下（立圓）旋轉外，風扇頭還做有規律、有軌跡的上仰和下俯擺動，這一特點也非常符合在練太極拳時人體的轉動，即脊柱的弓形旋轉，也就是人體五張弓中的最大一張弓——腰弓或脊柱這張弓的運行軌跡。欲將物掀起，必加之以挫之之力，說的主要是這張弓的作用。透過它可以發出「六個」方向的勁中的上下兩個方向的勁。

以上這些，在本書第三章「基本功訓練」中都囊括進去了，只不過沒有挑明而已。說明白了，不過就是一句話，把「三轉腰胯」與「四種畫圓」結合起來，則太極拳的外形與內動就統一起來了，就形成了一個完整的太極拳運動了。要說簡單就這麼簡單。

那麼，以上這些就是太極拳運動的全部了嗎？不是。這只是主要的，還需一層功夫一層理論。不管是誰練到這種程度，其他的自然就掌握了。不過就以上掌握的東西看，達到懂勁程度已足夠用了。

明白了這個道理後，再由修練，使身體柔順、節節貫串、手腳相隨、周身一家，就能做到沾連黏隨、隨屈就伸、不丟不頂，而神妙始得，即懂勁程度。

紙上得來終覺淺，功夫上身才是真。說一千，道一

萬，仍需實踐，仍需老師的口傳身授，沒有老師的口傳身授是不可能得到真傳的。

那為什麼還要看書呢？不是多此一舉嗎？不是。因為理論對實踐起指導作用，理論為實踐提供世界觀和方法論指導。沒有理論指導的實踐是盲目的實踐，這一點從外國人學拳中不難看出。因為語言障礙，理論上不好弄懂，所以外國人學好要比中國人難。然而理論只是給你提供一個思路，給你一個脈絡，給你一個方法，仍需要老師手把手地「教」（這一點我和我所教授的「學員」都有同感和共識）。

另一方面，太極拳講究傳承性，明師出高徒。縱觀太極拳界為什麼楊澄甫、陳發科的弟子眾多，也都有名氣，就是因為好老師有經驗，掌握了很多竅門和不輕易外傳的內功心法，從而使教學得法，所以我們不應該閉門造車，只啃書本。應該走出去，尋明師、訪高朋、會名手。只有取眾人之長，才能長於眾人。

第四節　怎樣練能速成

一、明　師

自古道：「名師出高徒。」但是，名師不等於明師。名師是指在報刊、雜誌、太極拳賽事上或輿論界有名聲、有影響的老師。明師是指「明白之師」，是武德高尚、深諳拳理並願意教授學生的老師。

名師易找，明師難求。常言道：水遇杯成型，遇海浩

瀚。有人說：遇高師等於投一次胎。這句話不過分，師傅水準的高低決定徒弟的層次。太極拳愛好者如果能遇到一個好老師進步就快，只要二三年就能一小成。「千點萬點不如明師一點」，就是這個道理。

人生有三大悲哀：遇良師不學，遇良友不交，遇良機不握。遇到好老師應該及時去拜訪、請教，得「去求」，天上不會掉餡餅，不求就學不到功夫，將來會後悔，甚至遺憾終生。遇到太極拳界的同仁應主動接觸、溝通，這樣方能功夫長進，朋友成群，開闊視野，增長見識。遇到好的機會要及時把握，機會對每人都是平等的，機會也並不多見，稍縱即逝，但是機會往往給有準備的人。

練太極拳者也一樣，只要有機會遇到好老師，周圍環境允許，那麼就應及時把握，只有這樣才能早日成功。

井淘三遍吃好水，人拜三師武藝高。大凡能出名的太極拳家多半是雜家，很少只是一個老師，如孫祿堂、王培生等等。說這話的意思我不是想讓大家都背叛師門，而是想讓大家多瞭解，廣種多收，博採眾長，掌握真諦，早日登堂入室。真正的明師是允許弟子去拜比自己水準高的老師的。這是筆者的真實體會。

二、勤學苦練

一分汗水，一分功夫。萬丈高樓平地起，基礎最重要。人們往往看到的是人家雙手高舉的金光燦爛的獎盃，卻常常忽視人家背後流淌的辛勤汗水。

天道酬勤，練拳要做到「三勤」：腦勤、嘴勤、手腳勤。腦勤即勤思考、勤揣摩；嘴勤即勤問；手腳勤即勤練

習。太極本無根，誰練歸誰人！

三、堅　持

堅持即恒心、耐力、毅力。練太極拳切忌一日曝十日寒，三天打魚兩天曬網。功夫＝時間＋汗水。要日積月累，沒有冬練三九、夏練三伏的精神是練不出功夫來的。難則愈堅，愛且意壯。只要你常年累月堅持下來，鐵杵也能磨成針。

四、立　志

有志之人立長志，無志之人常立志。只要你立下愚公移山志，功夫敢不早日成？西蜀二僧的故事很給人啟發：同樣要去南海，窮和尚只帶一個裝水的瓶子，一個要飯的碗就去了；而富和尚船都能買得起，卻沒能去成。

人的立志還不如身處偏僻之地的兩個和尚嗎？我國著名怪異小說家蒲松齡有句名言：「有志者事竟成，百二秦關終屬楚；苦心人天不負，三千越甲可吞吳。」說的就是這個道理。

五、自　信

自信心對於練太極拳非常重要，是成功的先決條件。缺少自信、見硬就回、受挫即放棄是練不成太極拳的。故此，要堅定信心，滿懷必勝信念，要拿出橫擋擊水三千里、自信人生一百年的氣概來。

六、遠　見

一個人的遠見卓識是指一個人對某一事物的預測能力，即前瞻性、超前性。中國人民的朋友斯諾來到寶塔山，當他看到每位戰士頭上的紅五星時，在心裏就感受到這支隊伍儘管目前困難重重，但他們一定能夠勝利，為此寫下了《紅星照耀著中國》的報導。果然，這星星之火，燃起了燎原之勢，紅遍了整個中國。

只要我們有遠見，認準太極拳能快速成功，按照計畫一步一個腳印地練下去，就能練出真功夫。即便受挫，也會堅信：冬天到了，春天還會遠嗎？

七、謙　虛

在學習太極拳的過程中，並不是一帆風順的，有時會進展迅速，有時會遭遇挫折。受挫時，不要垂頭喪氣、心灰意冷；順利時，也不要洋洋得意、忘乎所以。有時認為自己差不多了，其實差遠了，須知天外有天、人外有人。練太極拳入門後、懂勁前，雖然周身柔順了，但身上的勁還是假勁，用起來不完全好使，感覺差不多，其實有本質差別。練太極拳切忌隨著功夫的逐漸增長，而滋生爭勇鬥狠的心性。

成長和成熟要有個過程，比如：自己從小跟爸媽下棋，總贏不了；經過幾年對弈後，終於能下過爸媽了，這標誌著成長了；又過一段時間你會發現爸媽總輸也不高興，不愛和你玩，你就故意輸他（她）幾盤，他（她）當時很高興，你看到爸媽高興，你也很高興，這標誌著你成

熟了。要知道成熟的穀穗，頭是低著的，腰是彎著的。當我們的心態成熟了，功夫也就成熟了。

八、叫「真」

這裏的叫「真」，不是指鑽牛角尖。我們都知道，蘇格拉底與學生爭論雞與蛋的故事，我們不必探討先有雞還是先有蛋，那不是我們所要研究的課題，這種「真」我們不要叫。雞能下蛋，蛋能生雞，練太極拳與此同理。

練太極拳叫「真」，我總結為「四確一楚」。四確：明確、正確、準確、精確；一楚：時時刻刻清楚。也就是說，必須清楚的是拳理要明確，姿勢要正確，練時要準確，用時要精確。只有這樣，才能早日練成。我們要叫的就是這種「真」。

九、熱　愛

練太極拳要熱愛太極拳，愛到癡迷的程度，是沒有練不成的。愛到深處自然成。有句話叫：「拳不離手，曲不離口。」說的不是練功刻苦，而是對拳的熱愛、對曲的癡迷程度。只要你全力以赴，老天都給你讓路；只要你全身心投入，上帝都給你功夫。

十、學中練、練中學

學習、學習、再學習；實踐、實踐、再實踐。多看書、勤思考、反覆揣摩，多看名人、大家的書籍、音像資料，堅持常年訂購武術期刊，向老師學、向師兄弟學；多實踐，多與人切磋，與師兄弟切磋。練中學，讓理論指導

實踐，讓實踐驗證理論的正確性。這樣進步非常快，效果
特別好。

讀萬卷書不如行萬里路，行萬里路不如跟隨成功人的
腳步，跟隨成功人的腳步不如理論加實踐，早日出功夫。

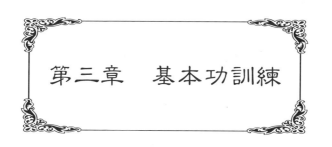

第三章 基本功訓練

　　此套基本功訓練法是根據中醫天人相應理論，總結前人經驗的基礎上創新而成的。其規律是畫圓（轉圈）的運動。天體是個大宇宙，水、金、地、火、木、土、天、海、冥九大行星圍繞太陽有序地進行畫圓（轉圈）運轉；人體是個小宇宙，肩、肘、腕、胯、膝、踝、頸（含頭）、手、足圍繞脊椎進行畫圓（轉圈）運動，以達到活動關節、靈活身法、增長功力之目的。實踐證明，此套基本功訓練法在練功的同時，對預防或治療肩周炎、頸椎病、後背痛、腰間盤突出、股骨頭壞死、關節炎、小腦萎縮、老年癡呆等二十多種疾病效果顯著。

　　基本功訓練法概括起來就是兩個「一二三四五」，即「一二三四五旋轉，一二三四五畫圓」。

第一節　一二三四五旋轉

歌訣：

　　　　一頸腕踝二肘肩，三轉腰胯四轉膝；

　　　　五來向後瞅腳踵，氣定神閑身法活。

一、轉頸腕踝

即分別旋轉頭部、頸部、手腕、腳踝，順轉逆轉往復循環。

(一)轉　頭

以頸為圓心，頭做順時針、逆時針旋轉，以八九圈為一個循環。

(二)轉　頸

頭部頂懸，頸部左右旋轉。

(三)轉　腕

兩手十指交叉後，做順時針、逆時針畫圓旋轉。

(四)轉　踝

重心移至一腿上，另一腿以腳尖為圓心，以腳踝關節為半徑，做順時針、逆時針旋轉；然後換腿再做順時針、逆時針旋轉。

二、轉肘肩

(一)轉　肘

1. 以肘部為圓心，做屈伸開合運動，與廣播體操中擴胸運動相似。以四圈為一個循環。

2. 兩手握拳，以肘部為圓心，兩前臂做順、逆纏絲旋

轉，即以肘部為圓心，以兩前臂為半徑按順時針、逆時針畫立圓。

（二）轉　肩

1. 兩手拇指自然伸直、放鬆，兩手其餘四指分別放於各自一側的肩窩上，做順、逆旋轉，即以肩關節為圓心，以上臂為半徑，順時針、逆時針畫立圓。

2. 兩腳站立與肩同寬，兩手自然下垂，腰向左轉，兩手分別由前、後方向頭上抬起；當抬到頭上垂直於地面時，腰向右轉，這時前手變後手，後手變前手，再分別向前、後方落下。當兩手落下垂直地面時，腰復向左轉，如此循環往復，越轉越快，即兩手分別在身體兩側相向畫立圓。以八九圈為宜，停下後反向運轉，所有動作與前次相反。

三、轉腰胯

1. 以會陰穴為圓心，以尾閭為半徑，向體前順時針、逆時針畫圓，即腰部畫平圓。切忌向體後畫圓。

2. 以丹田為圓心，以尾閭為半徑，順時針、逆時針畫圓，即腰部前後向畫立圓。其目的是將頸、胸、腰、尾椎各節由蛹動，節節拉開。

3. 以丹田為圓心，以環跳穴為半徑，順時針、逆時針畫圓，即腰部左右向畫立圓。

四、轉　膝

1. 兩腳站立與肩同寬，兩手分別放在兩側膝關節處，

兩膝同時向裏旋轉畫圓。

2. 兩腳站立與肩同寬，兩手分別放在兩側膝關節處，兩膝同時向外旋轉畫圓。

3. 兩腳併攏，兩手分別放在兩側膝關節處，兩膝同時由左向右旋轉畫圓。

4. 兩腳併攏，兩手分別放在兩側膝關節處，兩膝同時由右向左旋轉畫圓。

以各 36 次為宜。

五、向後瞅腳踵

兩腳站立與肩同寬，兩手自然下垂，兩膝定位。身體左轉，眼睛從左肩上方看右腳後跟；然後，身體右轉，眼睛從右肩上方看左腳後跟；從而周身整體旋轉，有擰麻花勁。切忌身體歪斜。

第二節　一二三四五畫圓

歌訣：

　　一心二意三打輪，四種畫圓五行纏；

　　循環往復無窮盡，天人合一即其妙。

一、一心二意三打輪

(一)一心二意

左腿呈支撐腿站立，右腿屈膝抬起，大腿平行於地

圖 3-1

圖 3-2

面，小腿自然下垂；右手前伸，肘部自然彎曲。然後，右腳順時針畫圓，同時，右手逆時針畫圓。轉八九圈後停下，換左腿、左手做另一側訓練。（圖 3-1、圖 3-2）

(二)三打輪

　　兩腳站立與肩同寬，兩手十指交叉外翻，即手心向外、向前伸出，然後向上伸展與地面垂直。兩腿直立，彎腰向下伸展觸地，再將雙手放在左右腳外側，來回移動。然後，以腰為圓心，兩手向左、向後、向右、向前畫圓，即逆時針畫圓。轉八九圈後，再回轉，方向相反。在武術中稱「涮腰」。（圖 3-3—圖 3-11）

圖 3-3

圖 3-4

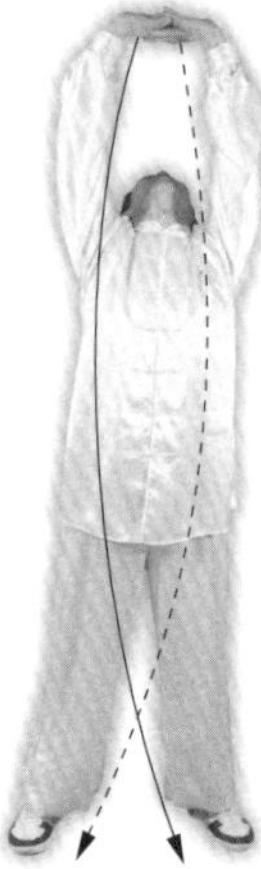

圖 3-5

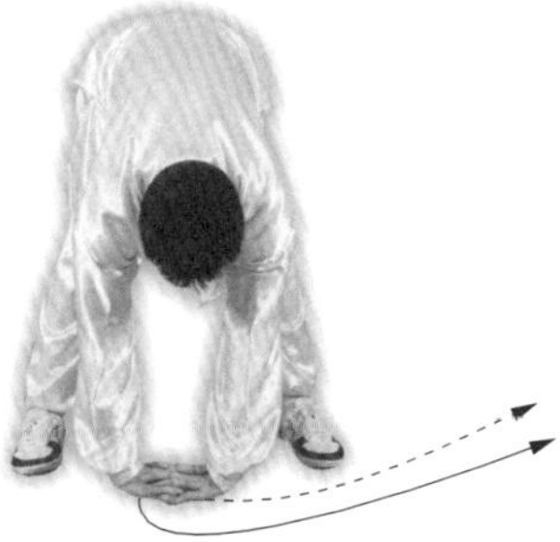

圖 3-6

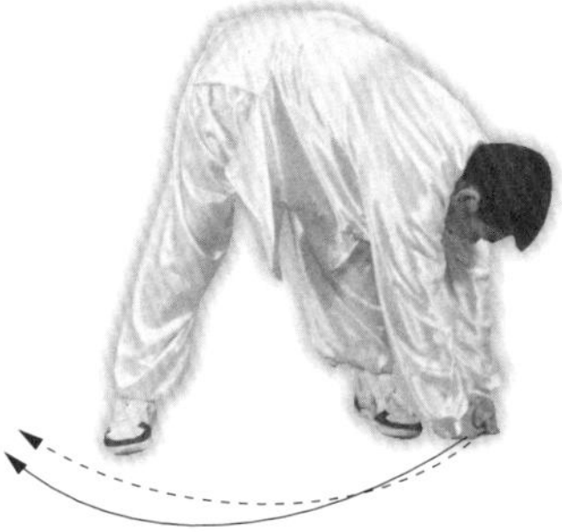

圖 3-7

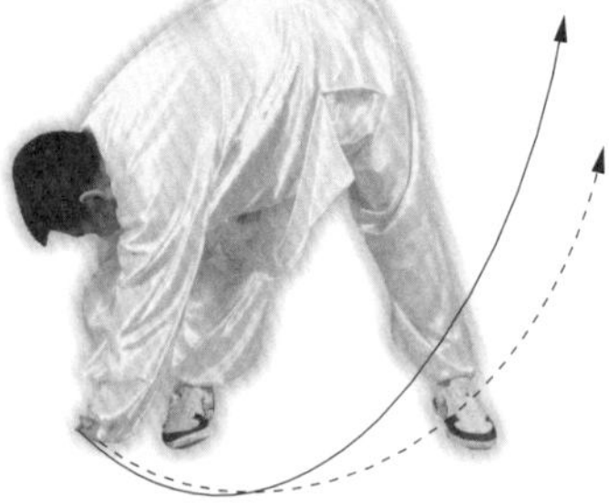

圖 3-8

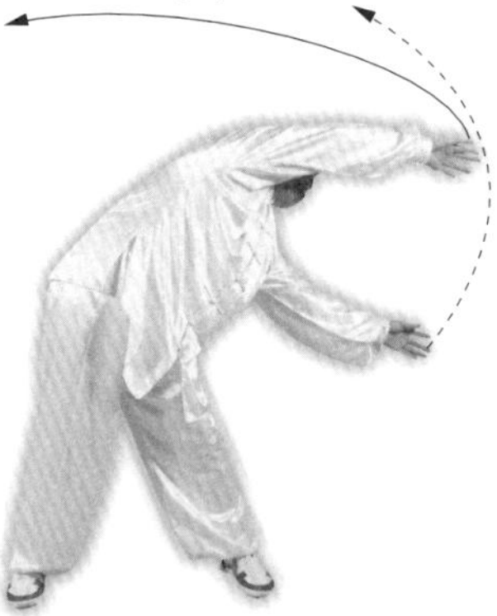

圖 3-9

圖 3-10   圖 3-11

二、四種畫圓五行纏

首先，說明一下太極拳中兩個基本的概念：順纏和逆纏。很多練習者都覺得難以區分，筆者仔細琢磨，總結出了一種簡單的區分方法。

順纏：小指領勁，與拇指和食指有相合之意，手心向內、手背向外畫弧。

逆纏：拇指領勁，與小指和食指有相合之意，手心向外、手背向內畫弧。

(一)四種畫圓

● 單手正面纏絲

簡單地說，即右手順時針在體前畫圓，左手逆時針在體前畫圓。

1. 開右步，重心在右腿；左手自然放在腹部丹田處，右手掤起，手腕與肩平，中指與眉齊。（圖 3-12、圖 3-13）

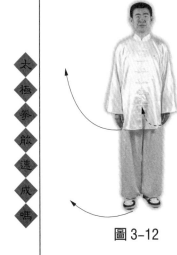

圖 3-12

圖 3-13

2. 重心移至左腿，同時右手下行（按）至胯前。（圖 3-14）

3. 腰向左轉，右手順纏隨腰同步左轉，向左畫弧行至前下方，與胯平。（圖 3-15）

圖 3-14

圖 3-15

圖 3-16   圖 3-17

4. 重心移至右腿，同時右手順纏上掤至左前上方，手腕與肩平。（圖 3-16）

5. 腰向右轉，同時右手逆纏隨腰同步右轉，畫弧至右前方，循環至動作 1。（圖 3-17）

將以上動作連接起來，右手隨移重心、轉腰在身體前方畫圈。圈越圓越好，越勻越好。循環 36 次之後，換左腿開左步，掤左手，動作與上面相同，唯方向相反。

● 單手側面纏絲

簡單地說，即右手順時針在身體右側畫圓，左手逆時針在身體左側畫圓。

1. 開右步，重心在右腿；左手自然放在腹部丹田處，右手掤起至右前方，手腕與肩平。（圖 3-18、圖 3-19）

2. 腰向右轉，右手逆纏隨腰同步右轉，畫弧至右後方。然後，重心移至左腿，同時右手下行（按）至與胯平。（圖 3-20、圖 3-21）

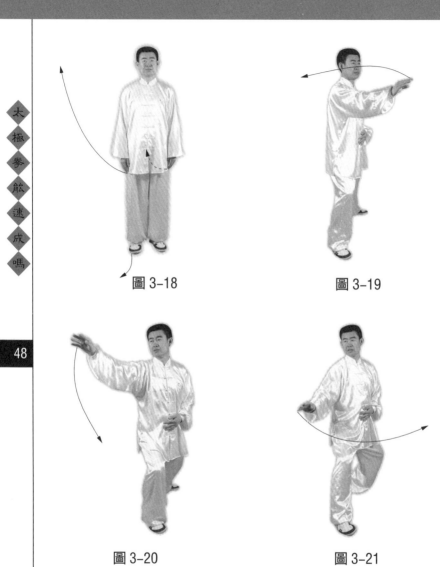

圖 3-18

圖 3-19

圖 3-20

圖 3-21

3. 重心不變，腰向左轉，右手順纏隨腰同步左轉，畫弧至左前方，與胯平。（圖 3-22）

4. 重心移至右腿，右手順纏向上掤起，手腕與肩平，循環至動作 1。（圖 3-23）

圖 3-22　　　　　　　　　　圖 3-23

　　將以上動作連接起來，右手隨轉腰、移重心在體側畫圈。圈越圓越好，越勻越好。循環 36 次之後，換左腿開左步，掤左手，動作與上面相同，唯方向相反。

　　● 雙手左右纏絲（雲手）

　　簡單地說，即兩手上下、左右對稱在體前畫圓。

　　1. 開右步，重心在右腿；兩手向右側掤出，右手在上，手腕與肩平，左手在下，手腕與胯平。（圖 3-24、圖 3-25）

　　2. 重心移至左腿，同時上下換手，即右手下行至與胯平，左手上行至與肩平。（圖 3-26）

　　3. 重心不變，腰向左轉；兩手隨腰同步向左畫弧，左手逆

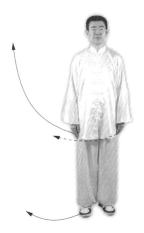

圖 3-24

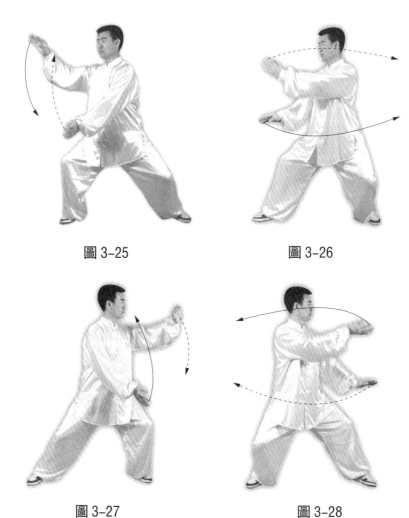

圖 3-25   圖 3-26

圖 3-27   圖 3-28

纏，右手順纏，左手至與肩平，右手至與胯平。（圖 3-27）

4. 重心移至右腿，同時上下換手，即左手下行至與胯平，右手上掤至與肩平。（圖 3-28）

5. 重心不變，腰向右轉；兩手隨腰同步向右畫弧，左

圖 3-29

圖 3-30

圖 3-31

手順纏，右手逆纏，左手至與胯平，右手至與肩平，循環
至動作 1。（圖 3-29）

　　● 雙手順向正面纏絲

　　1. 開右步，重心在右腿；兩手掤至右前下方，與胯平。
（圖 3-30、圖 3-31）

圖 3-32　　　　　　　　圖 3-33

2. 重心移至左腿，同時兩手上掤至與肩平。（圖 3-32）

3. 重心不變，腰向左轉；同時，兩手左逆纏右順纏至左前上方，與肩平。（圖 3-33）

4. 重心移至右腿；同時，兩手左順纏右逆纏下行至左前下方，與胯平。（圖 3-34）

5. 重心不變，腰向右轉；同時，兩手左順纏右逆纏行至右前下方，與胯平，循環至動作 1。（圖 3-35）

(二)五行纏

● 手部小纏絲

兩腿微屈，兩手分別放至小腹兩側。以五指根關節為圓心，以手腕為半徑先逆纏後順纏，貼於腹側畫弧。循環 9 次後，兩手變為先順纏後逆纏。逆纏時胸合背開，順纏時胸開背合。（圖 3-36、圖 3-37）

圖 3-34

圖 3-35

圖 3-36

圖 3-37

● 五行纏絲

1. 開右步，重心移至右腿，腰向右轉。（圖 3-38、圖 3-39）

2. 重心移至左腿，然後腰向左轉。（圖 3-40、圖3-

圖 3-38

圖 3-39

圖 3-40

圖 3-41

41）

　　3. 重心移至右腿，腰向右轉，循環至動作 1。兩臂可隨腰部左右轉動而左右甩臂，敘明腰部轉動。（圖 3-42、圖 3-43）

圖 3-42

圖 3-43

• 手部小纏絲 + 五行纏絲

手部小纏絲動作和五行纏絲動作相結合，略。（圖 3-44—圖 3-47）

圖 3-44

圖 3-45

圖 3-46

圖 3-47

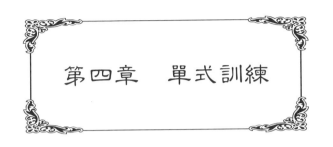

第四章　單式訓練

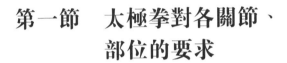

第一節　太極拳對各關節、部位的要求

　　太極拳對人體各關節、部位的要求，是歷代太極拳家根據實踐經驗和凝聚眾人的智慧而積累起來的一些方法和竅門。這部分是筆者在修練中的經驗和體會，並參考眾說，加以總結、歸納、創新而寫成的。

　　太極拳練到高級階段，人們叫它「得意忘形」，但對初學者來說則正相反，應先重形似，後重神似。只有先明規矩、守規矩，才能超規矩而不越規矩，處處合乎規矩。因此，初學者在學練太極拳時，各關節、部位必須按照要求去做。只有這樣，才能快速入門，快速成功。

一、心靜體鬆，意念集中

　　放鬆是太極拳修練者終身追求的目標。學太極拳須先從鬆柔入手，不但肌肉要放鬆，筋骨要放鬆，意識也要放鬆，要做到身與心都放鬆。只有「鬆」下來，心才能靜下

來，心靜生慧。初學者是很難鬆下來、靜下來的。這需要長時間的修練。鬆的竅要後面詳講。

意識要集中，精神要內斂（守）。初學者應以一念代萬念，集中精力，認真領會每一個動作的運行路線。

二、頭正頸直眼平視，口唇輕閉齒輕合

頭為一身之綱領，身法端正必須從「頭」開始。頭要正直，不可低頭仰面，左右歪斜，轉動時要自然平正。

頸項要端正豎起，而且要鬆豎，不犯強硬，這樣左右轉動時方能自然、靈活。

眼要平視，眼光要延展及遠。意欲向何處，眼神先去，身、手、腿的動作隨著前去。動作時，目光應當隨著主要的手或足轉動；定勢時，目光應視前方。

口唇輕閉齒輕合，但並非一概而論，人人如此。初學者由於體力等原因，有的用鼻吸氣，有的用口呼氣。當太極拳練到發勁階段，有的在發勁時用口發聲助氣，這都是可以的。

三、用鼻呼吸，下頜微收；
　　舌抵上腭，耳聽背後

用鼻呼吸，呼吸要自然，要求逐步做到呼吸與動作相協調。切忌憋氣，也不要呼吸時意念太重。

頜要微收，不可向前仰起，也不可內收過度。

舌抵上腭的主要目的是由導引、吐納打通任脈。大家知道，龜的壽命很長。長壽的原因是龜息。龜息主要是通任脈。初學者只知道舌抵上腭，但究竟抵到哪兒，並不知

道。標準是抵到不前不後、發「爾」音處為正好。太極拳練到一年後，整個舌頭已嚴密地貼到了上腭上面。

耳要靜聽身後，兼顧左右，鍛鍊聽覺靈敏，久之則感覺神明。

四、含胸拔背

「含胸不在胸，一線橫腰中」，是指兩肩微向前合，小腹上翻，使腰間出現一條橫線。含胸的同時，拔背也就完成了。胸與背是陰陽兩個對立面，背開則胸合。拔背能使氣貼於背，有蓄機待勞之功。為了防止拔背時肩背僵硬，意想肩井穴放鬆，肩背便自然放鬆了。

另外，拔背與牽閭可以填平後背的兩道溝（即脊椎豎向凹陷處和腰部橫向凹陷處），拔背可填平後背脊柱上的豎溝，牽閭則可填平後腰上的橫溝，從而使脊椎中正不偏，椎如軸立，周身渾圓。

五、護　肫

護肫是指胸肌鬆沉，由外往前合，兩肋 24 根肋骨也要節節往下鬆沉，也有由外往前合之意，焦點有集中匯合於丹田的意思。這在身法上稱護肫。

六、虛領頂勁

按照傳統的要求，虛領頂勁應放在含胸拔背、護肫前來講，但在實踐中我感覺虛領頂勁是練出來的，不是想出來的。只有在含胸拔背、護肫做到位時，頂勁才能虛領起來。有人將人體部位比做一串葡萄，頭部好比蒂把，五臟

六腑及各肢節好比每粒葡萄。虛領頂勁時，頭部像蒂把一樣領起，全身肌肉放鬆，五臟六腑即各就其位，各個關節也自然抖開，順乎生理，輕鬆自如。我的感覺是可以把人體比做女人用的「口紅」，含胸好比口紅的盒蓋，護肫好比口紅的盒，口紅的盒與蓋作旋轉擰緊時，口紅便一點一點頂了出來，就好比虛領頂勁一樣。所以說，虛領頂勁是按照要領做出來的一種感覺，光想是出不來的。

七、牽閭圓襠

牽閭在武林中屬不傳之秘，師父只教給遞帖拜師的徒弟，只在師徒間口口相傳，今公佈於眾。那麼，何謂牽閭呢？師父說：意想人與猴子一樣有個尾巴，把尾巴串進丹田的肚臍眼裏並緊緊勾住肚臍眼不放，就是牽閭。通常稱為尾閭內捲、斂臀、提肛等。大家知道，鹿在動物中壽命較長，主要原因之一是因為鹿在奔跑時，尾巴捲到腹部通督脈，從而長壽的。《本草綱目》的作者李時珍就曾說：「龜納鼻息而通任脈，鹿運尾閭而通督脈，此二物皆長命也。」人們效仿龜鹿打通任督二脈而長壽就是這個道理。

牽閭兩臀陷，膝扣襠自圓。牽閭時，可用自己的手摸一摸臀部的兩邊，如較平時凹陷就證明做到了牽閭。膝扣襠自圓是指兩腿胯根要撐開，兩膝外撐的同時有內向之意，這樣自然圓襠了。切忌夾襠、尖襠。在牽閭時意想會陰、環跳穴放鬆，腰、胯、襠部便自然放鬆下來。

八、沉肩墜肘

「曲澤」朝天肩自沉，「虎口」向上肘自墜。「曲

澤」是手臂上的穴位名稱，在肘窩中央。「虎口」在拇指與食指之間。只要做到「曲澤」「虎口」向上朝天，則沉肩墜肘也就自然形成。沉肩墜肘可幫助含胸拔背的自然形成。欲想沉肩應先求鬆肩，欲求懂勁則先求開肩。意想曲池、大陵兩穴放鬆，則臂、腕、手就自然放鬆了。

九、舒指坐腕

手指、手掌高度放鬆，坐腕才能達到要求。先舒指後坐腕。腕部在全身關節中最為靈活，旋轉度最大，因此既不能過剛硬也不能過軟弱，而要柔活、有韌性地運轉。只有坐腕，才能使內勁由脊背而肩、而肘、而腕達於指尖，從而節節貫串。否則，手掌在運轉中會出現內勁的斷續或丟失。

現舉一例，方丈用的佛珠是用一根線串成的，是一個比較鬆散的圓環。和尚念經時，一個一個地捻著轉動，如果將這根線的一處斷開，使一頭固定，另一頭繃緊，就可使佛珠由鬆散變成一個珠子緊挨著一個珠子地貫串成一根直棍。人體的骨骼好比佛珠，人體的筋脈好比串佛珠的線，因而只有坐腕才能使內勁節節貫串起來。

十、氣沉丹田

氣沉丹田不是意想將氣硬壓於丹田，而是指吸蓄時氣注（歸）丹田，呼發時部分氣呼出，部分氣下沉於下丹田（小腹），部分氣移行於中丹田（膻中穴）處。下丹田之氣蓄有餘裕，才能滔滔不絕。中丹田和下丹田在蓄發時是交替的，與上丹田（祖竅穴裏的泥丸宮）或百會穴上下對

拉求得勁整，正如拳論上所說：腹內鬆靜氣騰然。

十一、兩膝微屈，十趾抓地

盤架子過程中雖有起伏，但還是屈膝的時候多。架子越低越慢就越吃功夫。腿部支撐全身的重量，膝關節負擔的重量較大，因此膝關節必須靈活、有力，才能使腿部足以支撐身體的重量。

練太極拳就是由屈膝來增強腿部力量的。屈膝一定要坐胯，否則不穩也使不上勁。膝部力量不夠，下肢便僵硬。意想陽陵泉穴放鬆，膝部便自然放鬆了。

腳趾的作用非常重要。太極拳的上肢動作是以手領肘、以肘領臂；下肢動作是以足領膝、以膝領股。大腳趾尤為重要。腳尖的上翹、下落、外擺、裏扣、前進、後退，都是用大腳趾領勁。而腳趾抓地關係到根基是否穩定。腳趾抓地可以支持和調節身體重心的穩定，落地生根講的就是這個道理。為了讓腳、踝兩處既穩又靈，可意想解谿、湧泉兩穴放鬆，腳踝關節處就會自然放鬆。

十二、進退轉換

「向前邁步跟、掌、趾，退步後落趾、掌、跟；兩膝屈伸如揉面，兩足轉換似趟泥。」凡向前邁步，應以腳跟先著地，隨之腳掌踏實，繼而腳趾抓地。退步則反之，以趾、掌、跟順序後落。務必使動作輕靈、沉穩。

凡動作銜接轉換時，身體重心於兩腿上移動，兩膝屈伸動作好像揉面一樣地靈活、鬆柔。兩腳的步法轉換好似趟泥一樣緩緩地探伸或收落。

十三、開合虛實

陳鑫說：「開合、虛實，即拳經。」「一開一合足盡拳術之妙。」把開合虛實提到首要位置。

開為伸展、放大，合為縮斂、收小。開中有合，合中有開，開中有開，合中有合。開合與虛實是相互對應的，總是一開一合，一虛一實，虛中有實，實中有虛。

例如，上開下合，上虛下實，左開右合，左虛右實，胸開背合，胸實背虛等等，不一而論。但是，有一點我們理解起來容易，做起來卻很難，即「虛非全然無力，實非全然站煞」一句，在字面上好理解，在動作中卻很茫然。這時，唯有一個辦法能夠解決，即實踐。我的感覺是兩腿微屈，以能隨意起落為度。

十四、上下一線，全身放鬆

上下一線說的是立身中正安舒，百會穴與會陰穴的連線垂直地面，整個脊柱如車軸一樣直立，並垂直地面。玉枕、夾脊、命門、尾閭應像門窗上的折（合）頁一樣，成一條線，這樣腰部旋轉時就像開關門窗一樣旋轉自如、靈活。

全身放鬆是練太極拳的第一個要求。只有鬆下來才能靜下來、柔下來，從而使各個關節、部位協調、順遂、靈活地運行，經絡、血脈、內勁不停地循環運轉。

放鬆是太極拳修練者終生所追求的。初學者可按照順序、步驟，意想百會、玉枕、肩井、曲池、大陵、勞宮、夾脊、命門、尾閭、環跳、陽陵泉、解谿、湧泉等穴放鬆、再放鬆，這樣全身自然都放鬆下來。實踐證明此法效

果顯著。這是吳式太極拳內功心法，只在師徒間口口相傳，我能得到實屬不易，願與同道共用。

十五、呼　吸

太極拳的呼吸方法有三種：調息法、迎氣法和迎氣發聲法。

調息法純用鼻孔呼吸，「呼吸無聲，不結不滯，出入綿綿，若存若止」。它是一種「悠、勻、細、緩」「不徐不疾」的呼吸法。這種「吐唯細細，納唯綿綿」的呼吸法，可以降低肺換氣的次數，控制呼吸，緩和心臟跳動，有助於入靜。

迎氣法是「口呼鼻吸」的呼吸法。這種方法通常為大架太極拳家所採用。「其口似開非開，似閉非閉，口呼鼻吸，任其自然」。唐代大醫學家孫思邈的《千金藥方》中講述了迎氣法：「以鼻引氣，口呼氣，少微吐之，不得開口。」「從口細細吐出盡，還從鼻細細引入。」

迎氣發聲法則是口呼鼻吸，發勁時吐氣發聲。陳發科老師練拳呼吸發聲有四個音「呵、唏、噓、吹」。楊澄甫老師練拳呼吸發聲有三個音「哼、哈、咳」。「哼」音打上，「哈」音打下，「咳」音打遠。其他各派大家有六氣、八氣、四氣、二氣、三氣法。根據各自的經驗和體會各有不同。

筆者初學時，由於腿部力量不夠，各部位不協調，便採用迎氣法。一年後，身體各部位協調了，腿部力量加強了，經絡、血脈通暢了，也有感覺了，這時便採用迎氣發聲法。兩年後，為了細細體味，反覆感悟內勁的運行，便

採用調息法。久練功自出，功到自然成。我的感受是以盤架子時感覺不到呼吸的存在為最好。

第二節　强化訓練中的單式動作

强化訓練是快速出功夫的一條捷徑。

一、胯部纏絲（通常稱打胯）

1. 開左步，重心在右腿；左膝掤起，左腿似仆步狀；兩手疊壓在右膝蓋上，立身中正。腰向左轉，兩手左移疊壓在左膝蓋上；然後，重心移至左腿，右腿由屈變伸，似仆步狀，右膝順纏掤起。（圖4-1－圖4-3）

2. 重心在左腿不變，腰向右轉；兩手右移疊壓在右膝蓋上；然後，重心移至右腿，左腿由屈變伸，似仆步

圖 4-1

圖 4-2

圖 4-3

圖 4-4

圖 4-5

狀，左膝順纏掤起；循環至動作 1。（圖 4-4、圖 4-5）

【要點】

在轉腰移重心的過程中，似仆步的一腿一定要掤住勁。腰向左轉時，左腿為逆纏，右腿為順纏；腰向右轉時，右腿為逆纏，左腿為順纏。胯部纏絲是太極拳基本功的重中之重，關係到功底的好壞，有如下好處：

① 可以替代正、側踢腿練習和壓腿練習；

② 可以增加腿部承重力量，從而使盤架子時動作標準到位；

③ 可以活動腰、胯，使腰部與胯部間隙加大，身法靈活。打胯以 100 個來回為合格，以 150 個來回為標準。

二、掩手肱拳

1. 開右步，重心在右腿，呈右半馬步；兩手交叉於右胯前，手心向下。（圖 4-6、圖 4-7）

2. 重心移至左腿，腰向左轉；同時，兩手隨腰左轉從胸前分開至左前方。（圖 4-8）

圖 4-6

圖 4-7

圖 4-8

圖 4-9

3. 重心移至右腿；同時，兩手順纏合向左胸前，左手稍前，右手稍後，兩手前後相距約一尺遠，掌心相對。（圖 4-9）

4. 重心不變，腰向右轉；同時，左手隨腰右轉向右畫

圖 4-10

圖 4-11

弧，而右手變拳回收至右腰際。然後，重心移至左腿，蓄勁。（圖 4-10）

5. 腰迅速左轉發勁；同時，左手順纏隨腰左轉迅速向身後方打肘，右拳逆纏迅速向左前方打出，兩臂左後右前成對拉勁。（圖 4-11）

【要點】

在轉擰腰出拳的同時，右肩要順出去使勁貫拳輪，否則將有相當一部分勁留在肩上而威力大減。當右拳發出至頂點時，右肩已收回，即彈簧勁。也就是說，當拳發出時，拳與肩呈對拉狀。

三、海底翻花

1. 開右步，重心在左腿，然後腰向左轉；兩手握拳隨腰左轉交叉於左腹前，左拳在裏，右拳在外。（圖 4-12、圖 4-13）

圖 4-12

圖 4-13

圖 4-14

　　2. 重心不變，腰迅速向右轉 90°；兩拳隨腰右轉順時針順纏，左拳迅速由下向外向左、向上向裏畫弧發勁至左耳前，右拳由左下方向左上方經正前方、再向右下方畫弧發勁至右胯外側；同時，右腳隨腰右轉迅速回帶於左腳內側 10～20 公分處，成丁步，回帶時，腳尖擦地，腳跟抬起至左腳側時震（頓）腳發勁。（圖 4-14）

圖 4-15

圖 4-16

3. 右腳腳尖外擺約 90°，身體向右轉 90°，然後，重心移至右腿，左腿向正前方開步，兩手向下畫弧，交叉於右腹前；循環至動作 1，唯左右、方向相反。（圖 4-15）

【要點】

腰向右擰發勁時，重心在左腿；腰向左擰發勁時，重心在右腿。兩手畫弧與震腳、擰腰發勁同時進行，切忌斷勁。

四、打 肘

1. 開右步，重心在左腿，腰右轉 90°；兩手變拳先逆纏後順纏，即以肘為圓心，以手腕為半徑，左手順時針、右手逆時針畫圓。行至與肩齊、兩拳心與肩相對時，腰迅速左轉發勁；同時，左肘向後打出，右肘向前打出。（圖 4-16—圖 4-18）

2. 重心移至右腿，腰迅速右轉發勁；同時，右肘向後打出，左肘向前打出。（圖 4-19）

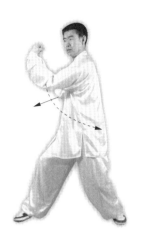

圖 4-17

圖 4-18

圖 4-19

圖 4-20

3. 右腳腳尖外擺約 90°，重心移至右腿；然後，左腳向前邁一大步，兩拳先逆纏後順纏，腰迅速右轉發勁；同時，兩肘隨腰右轉，左肘向前發勁，右肘向後發勁。（圖4-20）

圖 4-21

4.重心移至左腿，腰迅速左轉發勁；同時，左肘向後打出，右肘向前打出；循環至動作 1，唯左右、方向相反。（圖 4-21）

【要點】

腰向左轉發勁打肘時，右肘與左膝相合；腰向右轉發勁打肘時，左肘與右膝相合。兩肘向前或向後打出時，不宜過大，否則勁不整而發散。

五、肩　靠

1. 開右步，重心在左腿；兩手掤至右胯前，手心向上。腰迅速左轉發勁；同時，兩手逆纏，隨腰左轉，左手向後打肘，右手向裏扣（抖）肩，並向斜下方抖臂。不停，腰即迅速右轉發勁；右手隨腰右轉，向外抖肩，同時前臂折回，右手變拳與肩齊，拳心與肩相對。（圖 4-22—圖 4-25）

圖 4-22

圖 4-23

圖 4-24

圖 4-25

2. 左腳向前邁一大步，重心在右腿；循環至動作 1，唯左右、方向相反。（圖 4-26、圖 4-26 附圖）

【要點】

向裏或向外抖肩、臂時，一定要與轉腰發勁同步進行；立身中正，兩肩平行，切忌一肩高，一肩低。

圖 4-26　　　　　　　圖 4-26 附圖

六、擰腰甩臂

　　兩腿自然站立，兩腳距離與肩同寬；左手放在小腹處，掌心貼於丹田，右手上行放至右肩上，勞宮穴與肩井穴相合。然後，腰先右轉後左轉；同時，右手先向右後方捌出，再向左前方甩出。連續甩臂八九次為一個循環，再換另一手練習。（圖4-27─圖4-30）

　　【要點】

　　擰腰時必須順肩，才能將全身的勁甩出去，從而使力達指尖。甩臂時全身放鬆，意想手臂似鞭繩或麻繩甩出。練習一年左右，待周身柔順後再意想手臂似鋼絲甩出。

圖 4-27

圖 4-28

圖 4-29

圖 4-30

七、迎捌肘

　　兩腿自然站立，兩腳距離與肩同寬；左手放至小腹處，掌心貼於丹田，右手上行放至右肩上，意想勞宮穴與肩井穴相合，右肘上行與肩平。然後，腰迅速右轉；右肘隨腰右轉先向後方發捌勁，再下沉回到原位。連續捌肘 24 次為一個循環，再換另一手捌肘。（圖 4-31－圖 4-34）

　　【要點】

　　在捌肘發勁時，兩膝定位不動。

圖 4-31

圖 4-32

圖 4-33

圖 4-34

八、震腳下採

　　右腳向正前方開步，重心移至右腿；兩手逆纏。重心移至左腿，右腳腳尖擦地拉回至左腳內側，震腳，成丁

步。兩手抓握後變順纏，隨右腳回拉下採至大腿兩側，拳心向上，拳眼向外。連續震腳下採八九次為一個循環，再換另一腳練習。（圖4–35─圖4–38）

【要點】

兩手下採與腳尖擦地、回拉、震腳同步，一氣呵成。

圖4–35

圖4–36

圖4–37

圖4–38

九、扣臂彈抖

右腿向正前方開步，重心在左腿，然後迅速前移至右腿，再迅速回移至左腿；兩手成拳，隨身體前移向前逆纏扣臂抖出，隨身體後移順纏回抖。連續八九次為一個循環，再換另一腿練習。（圖4-39—圖4-42）

【要點】

前後扣臂時，主要是兩上臂前後彈抖發勁。

圖 4-39

圖 4-40

圖 4-41

圖 4-42

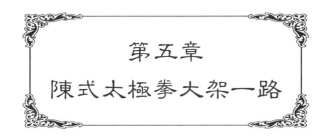

第五章
陳式太極拳大架一路

　　本套太極拳是在陳式大架原汁原味的基礎上，將少林拳的陽剛與武當拳的綿柔融合到一起，並吸收跆拳道腿法、泰拳膝肘法以及西洋拳擊手法、柔道和中國式摔跤摔法的特點而成的一種實用性極強的上乘武功。

　　此拳以「轉腰、移重心」為主要特點，每招每式無不體現太極原理，故有標準可定，有軌跡可尋，並取各派之長，風格獨特，與眾不同。

　　① 吸收了楊式大架舒展大方、綿柔的特點；

　　② 吸收了趙堡架纏絲扣、背絲扣的特點；

　　③ 吸收了吳式的立柱身形、穴位對稱及內功心法；

　　④ 吸收了武式小巧緊湊及開合手的特點；

　　⑤ 吸收了孫式高架、活步的特點（在應用上）；

　　⑥ 吸收了陳式洪傳對拉、纏絲、走螺旋的特點；

　　⑦ 吸收了張志俊的梢節領勁，手腳靈活及遇力必掤、遇掤必纏、遇纏必轉、遇轉必沉的特點；

　　⑧ 吸收了少林拳法中沾黏捶裏的踢、打、摔、拿等一些特點。

　　以上特點是筆者在理論與實踐、學習與交流的過程中及時總結、歸納、融合、創新而成的。

第一節　動作名稱

第　一　式	太極起勢	第二十四式	掩手肱捶
第　二　式	金剛搗碓	第二十五式	六封四閉
第　三　式	懶紮衣	第二十六式	單　鞭
第　四　式	六封四閉	第二十七式	雲　手
第　五　式	單　鞭	第二十八式	高探馬
第　六　式	金剛搗碓	第二十九式	右擦腳
第　七　式	白鶴亮翅	第　三十　式	左擦腳
第　八　式	斜行單鞭	第三十一式	左蹬一根
第　九　式	摟　膝	第三十二式	前蹬拗步
第　十　式	上三步	第三十三式	擊地捶
第十一式	斜行單鞭	第三十四式	二起腳
第十二式	摟　膝	第三十五式	護心拳
第十三式	上三步	第三十六式	旋風腳
第十四式	掩手肱捶	第三十七式	右蹬一根
第十五式	金剛搗碓	第三十八式	披　架
第十六式	披身捶	第三十九式	掩手肱捶
第十七式	青龍出水	第　四十　式	小擒打
第十八式	雙推手	第四十一式	抱頭推山
第十九式	肘底看捶	第四十二式	六封四閉
第二十式	倒捲肱	第四十三式	單　鞭
第二十一式	白鶴亮翅	第四十四式	前招後招
第二十二式	斜行單鞭	第四十五式	野馬分鬃
第二十三式	閃通背	第四十六式	六封四閉

第二節　動作圖解

第一式　太極起勢

　　1. 左腳向左開一步，兩腿微屈，自然站立，兩腳距離與肩同寬，兩臂自然下垂，目視前方，下頜微收，舌抵上腭，虛領頂勁，沉肩墜肘，含胸拔背，氣沉丹田，牽閭圓襠，屈膝鬆胯，腳趾、腳掌外沿、腳後跟著地，湧泉穴（腳心）虛空，周身放鬆。（圖5-1、圖5-2）

　　2. 承上勢。兩手緩緩上升，與肩平，手心向下；同

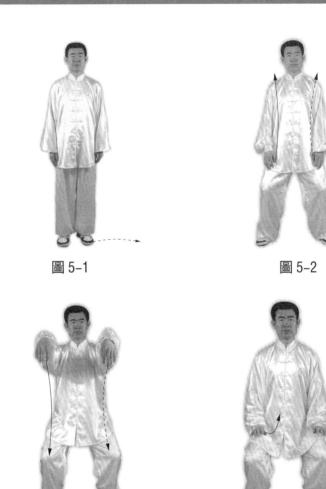

圖 5-1　　　　　　　　　圖 5-2

圖 5-3　　　　　　　　　圖 5-4

時，兩腿緩緩彎曲，身體慢慢下沉。然後，身體繼續下沉，兩手隨之下按至兩胯前，手心向下；兩眼向前平視。（圖 5-3、圖 5-4）

【要點】

兩手上升時吸氣，兩手下按時呼氣。切忌彎腰、凸

圖 5-5　　　　　　　　　圖 5-6

臀、聳肩。上升時身體微前傾，前腳掌用力；下按時身體
微後傾，後腳跟用力。

3. 承上勢。重心移至右腿，腰左轉；同時，左手逆纏
掤起，約與肩平，手心向外；右手順纏擠於小腹前，手心
向左。（圖 5-5）

【要點】

腰左轉時，腳、腿、膝、胯均不動。

【用法】

左腳套插住敵右腳，左手掤抒敵左手腕，右手擊敵左
肋。

第二式　金剛搗碓

1. 重心移至左腿，同時身體右轉 90°，右腳腳尖外
擺、翹起；兩手左順纏右逆纏隨身體向右畫弧後抒；目視
左手食指。（圖 5-6）

圖 5-7 圖 5-8

2. 承上勢。重心移至右腿，右腿微屈，左腿提膝，左腳向裏畫弧，扣膝後向左前方鑣出；兩手上掤；目視左前方。（圖5-7、圖5-8）

【用法】

左腿提膝可攻擊敵腹部，還可鉤敵腳和踝關節，也可蹬、鑣、踹敵膝蓋和小腿。

3. 承上勢。腰右轉；兩手左順纏右逆纏隨腰向右畫弧後捋，

圖 5-9

右手捋至右腿上方。不停，重心移至左腿；同時，兩手左變逆纏、右變順纏下按。不停，腰左轉；左手隨腰逆纏至左腹前，手心向下，右手順纏下按在右腿上，手心斜向下。（圖5-9—圖5-11、圖5-10附圖）

圖 5-10

圖 5-10 附圖

圖 5-11

圖 5-12

　　4. 承上勢。重心在左腿不變，左腳尖外擺，右腳從左
腳內側向前上步，腳後跟抬起，腳前掌著地；右手上掤至
身體正前方，手心向上；同時，左手向前向上撩掌，再向
裏環繞合於胸前，手心向下，指尖搭在右肘窩上；目視前
方。（圖 5-12）

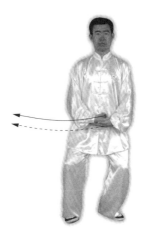

圖 5-13   圖 5-14

5. 承上勢。左手向下向前逆纏，然後向上向裏再向下先順纏後逆纏於腹前，手心向下，即左手在身體正前方畫一個立圓；右手隨左手下行而變拳上行順纏，隨左手上行而下行逆纏，隨左手下行而上行至與肩平，即右拳也在身體正前方畫一個立圓；同時，右腿提膝。（圖 5-13）

【要點】

左手與右拳在由外向裏畫立圓時，兩手成對拉勁。

【用法】

假設敵方右拳向我打來，我左手走化來拳，右拳從下向上打其腹部，也可打其下頜；右膝上提頂其陰部或腹部，也可向前踢腿。

6. 承上勢。右腳震腳落地，腳掌踏平，兩腳距離與肩同寬；同時，左手翻掌，手心向上，右拳順纏，下砸落於左掌心，兩臂撐圓。（圖 5-14）

圖 5-15　　　　　　　　　圖 5-16

【要點】

右腳震腳落地時，重心不變，依然在左腿上。右拳下砸時，右肘定位不動。

【用法】

右腳可踏敵腳趾。

第三式　懶紮衣

1. 腰右轉；同時，左手托拳向右前方掤出。然後，腰左轉；同時，右拳變掌逆纏向左前方畫弧，左手順纏也向左前方畫弧，兩手交叉合於胸前。不停，腰右轉，提右膝；右手變順纏向右下方畫弧，左手變逆纏向左上方畫弧。不停，右腿橫開步，右腳掌裏側著地，腳尖上翹裏合；右手向上畫弧，左手向下畫弧，雙手交叉合於小腹右前方；目視右前方。（圖 5-15－圖 5-18）

圖 5-17

圖 5-18

【要點】

　　兩手畫弧交叉相合時要與右腿開步同時、協調進行。

　　2. 承上勢。腰左轉，重心在左腿不變；左右手交叉隨腰左掤。（圖 5-19）

　　3. 承上勢。重心移至右腿，兩手向上行（掤）。然後，腰右轉；同時，右手變逆纏，向右畫弧至右膝上方，約與肩平，手心向外；左手變順

圖 5-19

纏，隨右臂向右畫弧，再向下向裏畫弧至左腹前，手心向上。（圖 5-20、圖 5-21）

【要點】

　　一定要先移重心後轉腰發勁，切忌邊移重心邊轉腰。

圖 5-20   圖 5-21

【用法】

　　左右手掤住敵來腳，右腳套住敵另一腳後轉腰移重心，然後再轉腰發勁，將敵發出。

第四式　六封四閉

　　1.下盤不動；右手以腕為軸，先逆纏後順纏畫一小圓；同時，左手也以腕為軸，先逆纏後順纏在左腹部畫一小圓。（圖5-22）

【要點】

　　兩手畫圓同時進行，左肘與右腕、右肘與左腕有相合之意。

圖 5-22

圖 5-23

圖 5-24

2. 承上勢。重心移至左腿，右掌下按。然後，腰左轉，弓左腿、蹬右腿，成左弓步；右手隨腰順纏於左腹前，左手先逆纏向外、再順纏向內，兩手交叉合於腹前。（圖 5-23、圖 5-24）

3. 承上勢。重心移至右腿，兩手上掤。然後，腰右轉；兩手左順纏右逆纏至右前方。不停，重心再移至左腿；同時，兩手逆纏下将。不停，腰左轉；兩手繼續下将，當行至身體中心線時變順纏，呈托球狀上托至左膝上方。（圖 5-25—圖 5-28）

4. 承上勢。重心移至右腿，左腳回收半步，腳尖翹起；同時，兩手上掤至左肩前。然後，腰右轉；兩手逆纏由左肩前隨腰向右腹前按下；同時，左腳尖內扣，腳前掌著地，腳後跟抬起；目視右前方。（圖 5-29、圖 5-30）

【要點】

右腳跟踏實、左膝裏扣以便圓襠。下按時，左手實際

圖 5-25

圖 5-26

圖 5-27

圖 5-28

上是由左上方向右下方推出。

【用法】

　　假設敵從右側出手打來，我兩手向左引化，右腳前踏在敵前腿外側，左腳跟上，腳前掌著地，腰右轉，兩掌迅速隨腰下按，將敵發出。

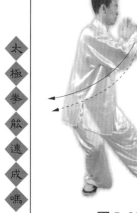

圖 5-29

圖 5-30

第五式　單　鞭

1. 腰向左微轉，左膝外開；右掌逆纏，向前上方推出，掌心向下，同時，左掌順纏收回，手心向上。然後，腰向右微轉，左膝裏合；左手逆纏向前上方推出，掌心向下，同時，右掌順纏收回，手心向上。不停，腰再向左轉，左膝外開；同時，右手五指合攏，大拇指掐在中指上，變勾手向上行，約與肩平，左手順纏於腹前。（圖 5-31—圖 5-33）

圖 5-31

【要點】

在三次轉腰換掌中，重心始終在右腿不變。右腿穩定，左膝隨腰左轉而外開，隨腰右轉而裏合。

圖 5-32

圖 5-33

圖 5-34

圖 5-35

2. 承上勢。左腿提膝，左膝裏扣，然後左腳向左前方開步鏟（滑）出，腳掌內側、腳跟著地，腳尖翹起。（圖5-34、圖5-35）

【用法】

敵方左手向我打來，我右手逆纏外翻，同時提膝上頂

圖 5-36　　　　　　　　　　圖 5-37

其襠腹部。

3. 承上勢。左腳尖內扣，腰右轉，之後，重心移至左腿；同時，左手順纏上行合於右腕上。然後，右腳尖內扣，腰左轉，下盤成半馬步；同時，左手變逆纏向左畫弧於左膝上方，與肩平，坐掌，指尖向上，掌心向外。（圖5-36、圖5-37）

【要點】

沉肩墜肘，重心在左腿上，上下相合。

【用法】

敵右手向我打來，我右手接住逆纏，同時上左步於敵右腳外側，左手插敵右臂下方，向左轉腰將敵發出。

第六式　金剛搗碓

1. 重心移至右腿，腰右轉；兩手左順纏右逆纏隨腰轉向右下方畫弧，右手捋至右腿上方。不停，重心移至左

圖 5-38

圖 5-39

腿，腰左轉；同時，左手隨腰逆纏至左腹前，手心向下，右手順纏下按在右腿上，手心斜向下。（圖5-38、圖5-39）

2. 承上勢。重心在左腿不變，左腳尖外擺，身體隨腰左轉 90°，右腳從左腳內側向前上步，腳後跟抬起，腳前掌著地；右手上掤至身體正前方，手心向上；左手向前向上撩掌，再向裏環繞合於胸前，手心向下，指尖搭在右肘窩上；目視前方。（圖5-40）

3. 承上勢。左手向下向前逆纏，然後向上向裏順纏於腹前，手心向下，即左手在身體正前方畫一個立圓；右手

圖 5-40　　　　　　圖 5-41　　　　　　圖 5-42

隨左手下行而變拳上行順纏，隨左手上行而下行逆纏，隨
左手下行而上行至與肩平，即右拳也在身體正前方畫一個
立圓；同時，右腿提膝。（圖 5-41）

4. 承上勢。右腳震腳落地，腳掌踏平，兩腳距離與肩
同寬；同時，左手翻掌，手心向上，右拳順纏，下砸落於
左掌心，兩臂撐圓。（圖 5-42）

第七式　白鶴亮翅

1. 重心在左腿不變，腰右轉；左手托右拳隨腰向右前
方掤出。然後，重心移至右腿，腰左轉；同時，右手左
行，指尖放至左肘窩上。不停，腰右轉，左腳隨腰向後開
一步；左手隨腰畫弧於小腹前，右手隨腰掤於右腿上方，
與肩平。（圖 5-43─圖 5-45、圖 5-44 附圖）

2. 承上勢。重心移至左腿，右腳尖翹起，腰向右轉；
右手隨腰向下畫弧，左手向左向上向裏畫弧，兩手交叉合

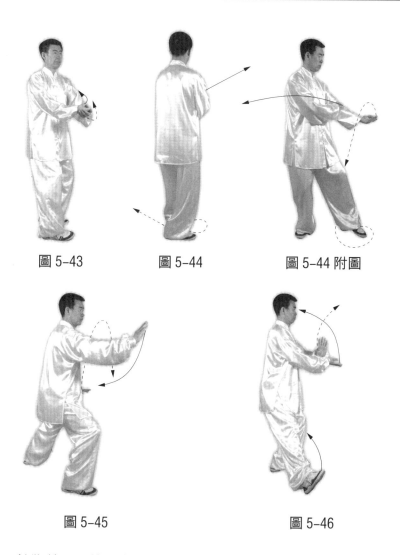

圖 5-43　　　　圖 5-44　　　　圖 5-44 附圖

圖 5-45　　　　　　　圖 5-46

於胸前。不停，右腳回拉後提起；同時，兩手交叉上掤於頭上方，分開。（圖 5-46、圖 5-47）

　　3. 承上勢。重心在左腿不變，右腿向後開步；同時，兩手先逆纏後順纏，右手向下向外向裏畫弧於腹前，左手向下向外、向上向裏畫弧，交叉合於右腕上。（圖 5-48）

圖 5-47

圖 5-48

圖 5-49

圖 5-50

4. 承上勢。腰左轉；兩手交叉隨腰向左下掤。然後，重心移至右腿，腰右轉；右手逆纏於右腿上方，坐腕，指尖向上，手心向外約與眼平；左手先隨右手順纏，向右畫弧，然後變逆纏向下畫弧於左腹前；同時，左腳回拉於右腳左前方，腳前掌著地，腳後跟抬起，成左虛步。（圖5-49、圖5-50）

【要點】

左手先隨右手順纏向右畫弧，然後隨左腳回拉逆纏於左膝之上。

【用法】

敵雙手搭在我雙臂肘窩上，我也搭在敵雙臂肘窩上，我重心移至右腿，腰向左轉，兩臂撐圓向左下挒，將敵摔出。

第八式　斜行單鞭

1. 腰左轉；同時，左手逆纏向左下方畫弧，右手順纏向左前方畫弧。不停，腰右轉；左手變順纏，右手變逆纏，右手向右下方畫弧，挒於右腹前，左手向左前方畫弧上挒；同時，左腿上提向左前方開步，重心在右腿不變。（圖5-51—圖5-55）

2. 承上勢。腰繼續右轉；左手順纏向右上方畫弧，與

圖5-51

圖5-52

圖 5-53

圖 5-54

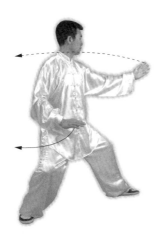

圖 5-55

圖 5-56

肩平，左肘與右膝合；同時，右手逆纏向右下方畫弧，與右胯平。（圖5-56）

　　3.承上勢。重心移至左腿；同時，左手逆纏下按於腹前，右手順纏上抬掤於右腿上方，與肩平。不停，腰左轉；左手逆纏從左膝下方繞過，變勾手後上抬於左腿上

圖 5-57

圖 5-58

方；右手順纏從右臉頰繞過至左肩處，然後向前向右畫弧展開，約與肩平。（圖5-57—圖5-59）

【用法】

假設敵用右腳向我左側踢來，我左手勾住其右腳，右手搬其脖子右側，然後向右發捌勁，將敵摔出。

圖 5-59

第九式　摟　膝

1. 腰向右微轉，兩腿屈膝下蹲；同時，兩手先逆纏後順纏向左膝前下方畫弧。不停，兩手順纏上（掤）行；同時，左腳後撤（回拉）至右腳前，腳前掌著地，腳後跟抬起，成左虛步。（圖5-60、圖5-61）

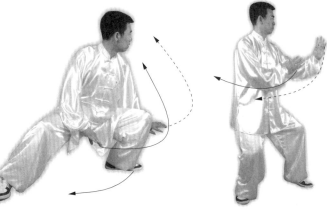

圖 5-60　　　　　　　圖 5-61

圖 5-62　　　　　　　圖 5-63

2. 承上勢。腰右轉；同時，兩手逆纏向身體右下方挒，然後，變順纏向右上方抬起。不停，腰左轉；兩手變逆纏隨腰向左膝下方按；同時，左膝上提。（圖 5-62、圖5-63）

圖 5-64

圖 5-65

【用法】

假設敵抱我左腿，我可左腿上提，雙手下按其頭部，膝頂其面部。

第十式　上三步

1. 腰先左轉後右轉；左手先逆纏後順纏，隨腰向左向下、再向右畫弧於腹前，右手先逆纏後順纏，向右向上、再向左畫弧於腹前，與左手交叉，左手在下，右手在上；同時，左腿開步於左前方，重心在右腿不變。（圖 5-64、圖 5-65）

2. 承上勢。重心在右腿不變，腰右轉；兩手交叉不變，隨腰同步向右下方掤。不停，重心移至左腿，兩手上掤至胸前。（圖 5-66、圖 5-67）

3. 承上勢。重心在左腿不變，腰左轉；左手變逆纏隨腰向左畫弧至左腿上方，與肩平；右手先順纏後逆纏，下

圖 5–66

圖 5–67

圖 5–68

圖 5–69

行至右腿上方，與胯平。（圖 5–68）

4. 承上勢。重心不變，腰先右轉後左轉；左手隨腰右轉向右畫弧，然後再隨腰左轉向左下畫弧至左胯旁；右手隨腰旋轉向右向上、再向左畫弧至右肩前方。（圖 5–69、

圖 5-70

圖 5-71

圖 5-70）

　　5.承上勢。上下換手移重心,即重心移至右腿,同時,左手上行至與肩平,右手下行至腹前。然後,腰右轉;左手隨腰順纏向右畫弧,右手逆纏向右後方畫弧至右腿外側。（圖 5-71、圖 5-72）

　　6.承上勢。上下換手移重心,即重心移至左腿,同時,左手下行至腹前,右手上行至

圖 5-72

與肩平。然後,腰左轉;左手隨腰向左畫弧於左胯旁,右手向左畫弧,並向前推出;同時,右腳隨右手前行向左前方提起踢出。（圖 5-73、圖 5-74）

圖 5-73　　　　　　　　　圖 5-74

【要點】

以上為三步中的第一步。開步時，兩膝掤圓，切忌夾襠、尖襠；順步時，手與腳相隨；拗步時，手找腳，即手與腳合。

圖 5-75　　　　　　　　　圖 5-76

7. 承上勢。與動作 1 相同，唯左右相反。（圖 5-75、圖 5-76）

8. 承上勢。與動作 2 相同，唯左右相反。（圖 5-77、圖 5-77 附圖、圖 5-78、圖 5-78 附圖）

圖 5-77

圖 5-77 附圖

圖 5-78

圖 5-78 附圖

圖 5-79

圖 5-80

圖 5-81

圖 5-82

9. 承上勢。與動作 3 相同，唯左右相反。（圖 5-79）

10. 承上勢。與動作 4 相同，唯左右相反。（圖 5-80、圖 5-81）

11. 承上勢。與動作 5 相同，唯左右相反。（圖5-82、

圖 5-83

圖 5-84

圖 5-83）

12. 承上勢。與動作 6 相同，唯左右相反。（圖 5-84、圖 5-85）

【要點】

以上為上三步中的第二步。動作要點與第一步相同。

13. 與動作 1 相同，圖略。（參見圖 5-64、圖 5-65）

14. 與動作 2 相同，圖略。（參見圖 5-66、圖 5-67）

圖 5-85

15. 與動作 3 相同，圖略。（參見圖 5-68）

16. 與動作 4 相同，圖略。（參見圖 5-69、圖 5-70）

17. 承上勢。重心移至右腿；上下換手，即左手上行至

圖 5-86　　　　　　　　　　圖 5-87

與肩平，右手下行至腹前；同時，左腳隨重心右移迅速收回提起，再迅速開步至原先位置。（圖 5-86、圖 5-87）

【要點】

以上為上三步中的第三步。動作要點與第一步相同。

第十一式　斜行單鞭

與第八式「斜行單鞭」動作 2、動作 3 相同。（參見圖 5-56—圖 5-59）

第十二式　摟　膝

與第九式「摟膝」動作相同。（參見圖 5-60—圖 5-63）

第十三式　上三步

與第十式「上三步」動作 1 至動作 15 相同。（參見圖

圖 5-88

圖 5-89

5-64—圖 5-85）〔注：下一式承接圖 5-68〕

第十四式　掩手肱捶

1. 重心在左腿；右手前行，與左手交叉合於胸前。然後，重心移至右腿，成右半馬步。腰右轉；同時，兩手向下向外、再向上再向裏逆纏交叉合於胸前。（圖 5-88—圖 5-90）

圖 5-90

2. 承上勢。重心移至左腿，成左半馬步；同時，兩手逆纏向兩側展開。然後，腰左轉，重心移至右腿，腰右轉；同時，左手順纏向前掤（向右平行畫弧），右手順纏變拳回收於腰際，拳心向上。（圖 5-91、圖 5-92）

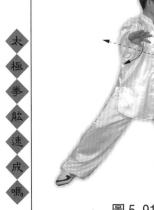

圖 5-91 圖 5-92

3. 承上勢。重心移至左腿，腰迅速左轉；同時，左手收回並向後打肘，右拳逆纏向前衝出。（圖 5-93）

【要點】

打左肘與衝右拳同時進行，成前後對拉勁，擰腰、坐胯、扣膝協調一致。

【用法】

假設敵右手抓住我右手腕部，我左手搭到敵右手腕上，右手逆纏下按，然後左手抓敵右手腕裏帶，右手沖拳擊敵。

第十五式　金剛搗碓

1. 重心移至右腿，左腳尖裏扣；左手畫弧於左腿旁，手心向下，五指向前；右手向右畫弧於右前方，約與頭平。（圖 5-94）

2. 承上勢。重心移至左腿，身體右轉 90°；左手變逆纏

圖 5-93

圖 5-94

圖 5-95

圖 5-96

向外向上再向裏環繞於胸前，指尖放至右肘窩；右手先逆
纏後順纏由上向外向下向裏再向前畫弧行於右肩前方，與
肩齊，手心向上，掌指向前；右腳腳尖擦地，隨右手同步
順時針畫一圈後，從左腳內側上步成虛步；目視前方。
（圖 5-95、圖 5-96）

圖 5-97　　　　　　　　　　圖 5-98

3. 承上勢。與第二式「金剛搗
碓」動作 5 相同。（圖 5-97）

4. 承上勢。與第二式「金剛搗
碓」動作 6 相同。（圖 5-98）

第十六式　披身捶

1. 重心在左腿不變，腰向右微
轉；左手托右拳向前掤出。然後，
右腿提膝；右拳變掌，兩手重疊收
於右胯前。（圖 5-99、圖 5-100）

圖 5-99

2. 承上勢。腰向左微轉，右腿
向右橫開一步；兩手先順纏後逆纏由下向外向上再向裏畫
弧，交叉合於胸前，左掌在裏，右掌在外。（圖 5-101）

3. 承上勢。腰右轉；左手順纏向右畫弧於身體正前
方，右手逆纏向右後方畫弧於右胯前。然後，腰左轉；同

圖 5-100　　　　　　　　　　圖 5-101

圖 5-102　　　　　　　　　　圖 5-103

時，上下換手，右手順纏隨腰向左畫弧於身體正前方，與
肩平，右肘與左膝合；左手逆纏向左後方畫弧，左腕貼於
腰間。（圖 5-102、圖 5-103）

　　4. 承上勢。重心移至右腿；左手以腕為軸，左肘裏

合，左臂撐圓，右手變拳，逆纏外翻，向右上方掤至右太陽穴處；左腿裏扣，左膝微屈，目視左腳。（圖 5-104）

圖 5-104

【要點】

左肘、左膝與左腳尖成一條線。

【用法】

假設敵右腳向我踢來，我用右手將敵向自己右後方撥讓；同時，左腳上一大步，左手逆纏上去搭在敵右手臂上，右手撥讓後，成拳逆纏用臂部使腰勁，打向敵咽喉。

第十七式　青龍出水

1. 重心在右腿不變，腰右轉；左手順纏向右前方掤出，右手順纏收回至腰際。然後，腰左轉發勁；右拳逆纏向右前方擊出；左肘向後擊出。（圖 5-105、圖 5-106）

【要點】

右手前擊與左肘後擊成對拉勁。

2. 承上勢。重心不變，腰右轉；右手先逆纏後順纏向下向外再向上向裏畫弧，墜肘提拳，拳心與肩相對；左手先逆纏後順纏向上向外再向下向裏畫弧，掌心向上。然後，腰左轉發勁，右肘向前打出，左肘向後擊出。（圖 5-107、圖 5-108）

圖 5-105   圖 5-106

圖 5-107   圖 5-108

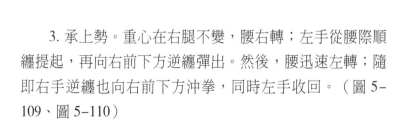

　　3. 承上勢。重心在右腿不變，腰右轉；左手從腰際順
纏提起，再向右前下方逆纏彈出。然後，腰迅速左轉；隨
即右手逆纏也向右前下方沖拳，同時左手收回。（圖 5-
109、圖 5-110）

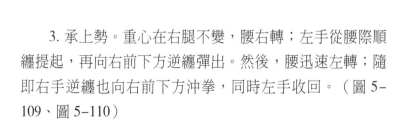

圖 5-109

圖 5-110

【要點】

左手收回與右拳冲出同時進行，並成對拉勁。

【用法】

假設敵右手打我前胸，我用左手逆纏引化，隨即出右拳向敵腹部打擊。

第十八式　雙推手

1. 重心移至左腿，腰左轉；同時，兩手先逆纏下

圖 5-111

按，再左逆纏右順纏向左下方挒擠。然後，重心移至右腿；同時，兩手左逆纏右順纏上掤。不停，腰右轉；左手變順纏，右手變逆纏，隨腰向右平行畫弧。（圖 5-111—圖 5-113）

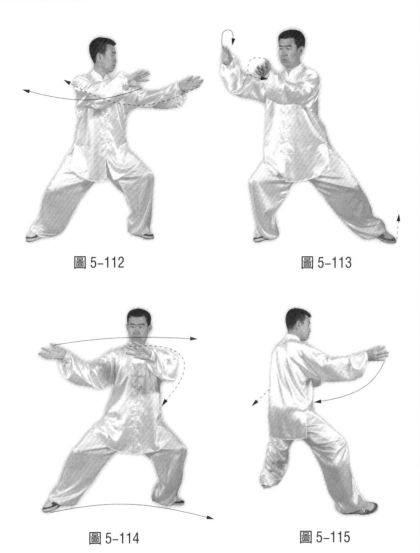

圖 5-112　　　　　　　圖 5-113

圖 5-114　　　　　　　圖 5-115

2. 承上勢。左腳尖外擺，然後重心移至左腿，腰左轉，成左弓步，身體隨腰左轉 90°。不停，右腳向左前方開一步；兩手左逆纏右順纏向左平行畫弧，右手掤於右膝上方，與肩平，左手掤於腹前。（圖 5-114、圖 5-115）

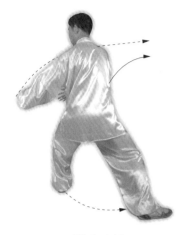

圖 5-116　　　　　　圖 5-117

3. 承上勢。腰左轉；兩手逆纏向左下方捋，當兩手行至身體中線時變順纏繼續下捋，左手行至左膝外側，右手行至左腹前。不停，重心移至右腿，腰右轉；同時，兩手上掤，然後變逆纏同時向正前方推出；左腳收回，前腳掌著地，腳後跟抬起，兩腳距離與肩同寬。（圖 5-116、圖 5-117）

【要點】

兩掌掌心向外，指尖向上，約與肩平。兩腳在一條線上，重心在右腿上。

【用法】

假設敵雙風貫耳向我打來，我可雙手逆纏外掤，擋其雙拳，並迅速用雙掌擊其胸部。

第十九式　肘底看捶

1. 重心在右腿不變，腰左轉；右手順纏前掤，掌心向

上，指尖朝前；左手順纏回收於腰際，掌心向上，指尖朝前。（圖5-118）

2. 承上勢。重心不變，腰右轉；右手順纏回收於腰際，同時，左手逆纏向前掤出，掌心向下，指尖朝右。（圖5-119）

3. 承上勢。重心不變，腰左轉；同時，右手變肘向前橫擊，左手收回合於右肘外側。（圖5-120、圖120附圖）

4. 承上勢。重心不變，腰先左轉後右轉；左手向下向外、再向上向前畫弧於右胸前方，成立掌，掌心向右，指尖朝上；右手向上向外、再向下收於腰際，變拳，拳眼朝上。（圖5-121、圖5-122）

5. 承上勢。重心不變，腰左轉；右拳隨腰向前擊出，

圖 5-120 附圖

圖 5-121　　　　　圖 5-122　　　　　圖 5-123

左手回收於右肩前。（圖 5-123）

第二十式　倒捲肱

1. 重心在右腿不變，右腳尖外展，腰右轉；左手順纏向前展，右手順纏向後伸，右手略高於左手；同時，左腳上提向前踢出。（圖 5-124、圖 5-125）

圖 5-124

2. 承上勢。重心不變，腰左轉，左腳向左後方撤步；右手逆纏從右肩上方向前推出，左手逆纏向左下方畫弧於左胯前。（圖 5-126）

3. 承上勢。腰右轉；同時，右手向右平行畫弧；然後，重心移至左腿，左手下按。不停，腰左轉；右手順纏

圖 5-125　　　　　　　　圖 5-126

圖 5-127　　　　　　　　圖 5-128

向前展開，左手先逆纏後順纏向左後上方畫弧，向後展
開；同時，右腳隨右手前展而上提向前踢出。（圖5-127、
圖 5-128）

4. 承上勢。重心在左腿不變，腰右轉，右腿向右後方

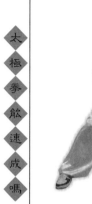

圖 5-129　　　　　　　圖 5-130

撤步；左手逆纏從左肩上
方向前推出，右手逆纏向
右下方畫弧於右胯前。
（圖 5-129）

　　5. 承上勢。與動作 3
相同，唯左右相反。（圖
5-130、圖 5-131）

　　6. 承上勢。與動作 2
相同。（參見圖 5-126）

　　7. 承上勢。與動作 3
相同。（參見圖 5-127、
圖 5-128）

圖 5-131

　　8. 承上勢。與動作 4 相同。（參見圖 5-129）

　　9. 承上勢。與動作 5 相同。（參見圖 5-130、圖 5-
131）

圖 5-132

圖 5-133

第二十一式　白鶴亮翅

1. 重心不變，腰向左微轉；左腳向左後方撤步，成右弓步；左手翻掌變逆纏，回收於腰際；右手變逆纏，由後向前掤於右腿上方，約與肩平。（圖 5-132）

2. 承上勢。重心移至左腿，右腳腳跟著地拉回提起；同時，兩手繼續逆纏由右前方向左後方捋。然後，兩手變順纏向左向外

圖 5-134

再向前方畫弧，交叉合於小腹前；同時，右腿向右後方撤步，成左弓步。（圖 5-133—圖 5-135）

3. 承上勢。腰左轉；兩手繼續交叉隨腰同步向左下掤。然後，重心移至右腿，左腳腳跟著地拉回，成左虛

圖 5-135

圖 5-136

步;同時,左手先順纏後逆纏下行於左膝上方,手心向下,五指向前;右手變逆纏上行於身體右側正前方,約與眼平,手心向外,五指向上。(圖 5-136、圖 5-137)

圖 5-137

第二十二式　斜行單鞭

與第八式「斜行單鞭」動作相同。(參見圖 5-51—圖 5-59)

第二十三式　閃通背

1. 重心不變,腰右轉;同時,左手順纏向腹前畫弧,右手逆纏向右畫弧。(圖 5-138)

2. 承上勢。腰左轉;同時,右手順纏向腹前畫弧,左手逆纏向左前方畫弧。(圖 5-139)

圖 5-138

圖 5-139

圖 5-140

圖 5-141

3. 承上勢。重心移至右腿，左腳回拉，成左虛步；同時，上下換手，左手下按於左膝前，右手上行於左前方，約與肩平。不停，腰右轉；兩手左順纏右逆纏隨腰向右畫弧。（圖 5-140、圖 5-141）

圖 5-142

圖 5-143

4. 承上勢。腰左轉，重心
移至左腿，左腳腳前掌著地；
同時，上下換手，即右手向腹
前畫弧，左手向左前方畫弧。
不停，重心移至右腿，然後左
腳上提，向左前方開步；同
時，左手順纏先下行再上行，
掤於左腿上方；右手逆纏先上
行再下行，掤於右腿外側。
（圖 5-142—圖 5-144）

圖 5-144

5. 承上勢。重心在右腿不
變，腰右轉；兩手隨腰向右畫弧。不停，重心移至左腿；
左手繼續向右畫弧。不停，腰左轉；左手隨腰向左向下畫
弧至左胯旁，掌心朝下；右手隨腰向左斜上方插出，掌心
向上，手指約與鼻尖同高。（圖 5-145—圖 5-147）

圖 5-145

圖 5-146

圖 5-147

圖 5-148

6. 承上勢。重心在左腿不變；左手順纏，以腕為軸向外向下旋轉，掌心向外，五指朝下；同時，右手逆纏，以肘為軸向裏旋轉。（圖 5-148）

7. 承上勢。重心移至右腿，左腳尖內扣；然後，重心

圖 5-149

圖 5-150

移至左腿，腰右轉發勁；左臂逆纏裏扣，右臂逆纏，肘向右後上方擊出。（圖 5-149）

8. 承上勢。腰先向左微轉，然後再右轉，同時，右腿提膝，以左腳跟為軸，身體向右轉約 180°，左腿單獨站立，右腿繼續上提；兩手隨身體旋轉而向右向前向上再向下畫弧，交叉合於小腹前。（圖 5-150）

圖 5-151

9. 承上勢。右腿震腳下落，左腿上提並向左前方開步，成左弓步；同時，兩手逆纏下按，並隨左腿成左弓步而外掤。（圖 5-151）

圖 5-152

圖 5-152 附圖

第二十四式　掩手肱捶

1. 重心移至右腿，成右半馬步，腰右轉；同時，兩手順纏裏合，左手向前掤，右手變拳收回腰際，拳心向上。（圖5-152、圖5-152附圖）

2. 承上勢。重心移至左腿，成左半馬步，腰迅速左轉；同時，左手收回並向後打肘，右拳逆纏向前衝出。（圖5-153）

圖 5-153

第二十五式　六封四閉

1. 下盤不動；右手以腕為軸，先逆纏後順纏畫一小圈；同時，左手以腕為軸，先逆纏後順纏在左腹間畫一小

圖 5-154　　　　　　　　　　圖 5-154 附圖

圈。（圖 5-154、圖 5-154 附圖）

2. 承上勢。腰左轉，成左弓步；右手隨腰順纏於左前方，左手也順纏於左前方，與右手有相合之意。（圖 5-155）

3. 承上勢。重心移至右腿，腰右轉；兩手右掤，左順纏右逆纏於右前方。然後，重心移至左腿，腰左轉，左腳尖外擺，身體隨腰轉 90°；同時，兩手左逆纏右順纏左捋。不停，右腳向前開一步，腰繼續左轉；兩手捋至左膝上方，呈托球狀。（圖 5-156—圖 5-158）

圖 5-155

4. 承上勢。重心移至右腿，左腳回收半步，腳尖翹起；同時，兩手上掤至左肩前。然後，腰右轉，左腳尖內扣，腳前掌著地，腳後跟抬起；兩手逆纏由左肩前隨腰向

圖 5-156

圖 5-157

圖 5-158

圖 5-159

右腹前按下；目視右前方。（圖 5-159、圖 5-160）

第二十六式　單　鞭

與第五式「單鞭」動作相同。（參見圖 5-31—圖 5-37）

圖 5-160

圖 5-161

第二十七式　雲　手

1. 腰右轉；右手逆纏向右上方畫弧，左手順纏向右下方畫弧。然後，腰左轉；左手逆纏向左上方畫弧，右手順纏向左下方畫弧。（圖 5-161、圖 5-162）

2. 承上勢。重心移至右腿，左腳向右抽回；右手向右上方抬起，略高於肩，左手下按於左膝內側。然後，腰右轉，左腳迅速向左鏟出；兩手左順纏右逆纏隨腰向右畫弧。（圖 5-163、圖 5-164）

圖 5-162

【要點】

左腳的抽回與鏟出，要在兩手向右畫弧的同時完成。

圖 5-163 　　　　　　圖 5-164

圖 5-165 　　　　　　圖 5-166

　　3. 承上勢。上下換手移重心，即重心移至左腿，左手上抬約與肩平，右手下按至右腹前。（圖 5-165）

　　4. 承上勢。腰左轉，右腳向後插步；同時，兩手左逆纏右順纏向左平行畫弧。（圖 5-166）

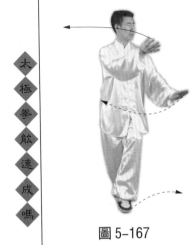

圖 5-167　　　　　　　　　　圖 5-168

5. 承上勢。重心移至右腿；同時，上下換手，即左手下按於左腹前，右手上抬於左胸前。然後，腰右轉，左腳向左後方開一步；同時，右手逆纏向右平行畫弧於右上方，左手順纏向右平行畫弧於右腹前。（圖 5-167、圖 5-168）

6. 與動作 3 相同。（參見圖 5-165）

7. 與動作 4 相同。（參見圖 5-166）

8. 與動作 5 相同。（參見圖 5-167、圖 5-168）

9. 承上勢。重心移至左腿，成左弓步，腰向左轉；兩手先逆纏向左下方捋，然後向左上方掤起。不停，重心移至右腿，腰右轉；兩手左順纏右逆纏隨腰向右畫弧。不停，重心移至左腿，腰左轉；同時，左手隨腰逆纏於左腹前，手心向下；右手順纏下按於右腿旁，手心斜向上。（圖 5-169—圖 5-172）

10. 承上勢。重心在左腿不變，左腳尖外擺；右手與右

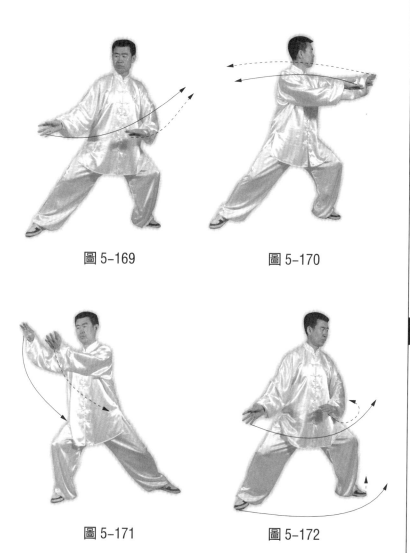

圖 5-169

圖 5-170

圖 5-171

圖 5-172

腳一併上前，右手上掤至身體正前方，掌心向上，右腳從左腳內側向前上步，前腳掌著地；同時，左手先向前撩掌，再向上向裏環繞合於胸前，手心向下，指尖搭在右肘窩上；目視前方。（圖 5-173）

圖 5-173

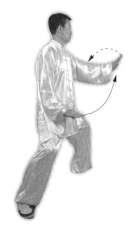

圖 5-174

【用法】

　　敵右手向我打來，我左手逆纏上撥，並打向敵面部，同時，右掌順纏打向敵丹田，左腳套住敵後支撐腿。

第二十八式　高探馬

　　1. 重心在左腿不變，右腳向右後方撤步；左手上掤，約與肩平，右手變逆纏下按於右胯前。不停，腰左轉；兩手隨腰向左平行畫弧。不停，重心移至右腿，腰右轉；兩手先下按，然後左順纏右逆纏向右上方畫弧（即向胸前抖出）。（圖 5-174—圖 5-176）

　　2. 承上勢。重心在右腿不變，腰右轉，左腳腳跟抬起、外展，腳尖著地；右手先逆纏後順纏向右後方畫弧展開，左手逆纏翻掌前行，手心向下。不停，右腳尖內扣180°，身體左轉 180°，左腳回撤於右腳內側，前腳掌著地，腳後跟抬起，兩腳約與肩同寬；右手逆纏掤於右前

圖 5–175

圖 5–176

圖 5–177

圖 5–178

方，左手順纏回收於小腹前。（圖 5–177、圖 5–178）

【用法】

假設敵右手向我抓來，我左手逆纏，拇指扣住敵手背，四指扣住敵拇指內側，再向外逆纏，同時轉腰撤步，

圖 5-179   圖 5-180

右掌打向敵下頜部位。

第二十九式　右擦腳

1. 重心在右腿不變，腰左轉；兩手逆纏向左向下捋至左後方。不停，腰右轉，身體隨腰右轉 180°；兩手變順纏向右向上畫弧，交叉掤於前方，右手在下，左手在上。不停，左腳向前上一步；同時，兩手在身體左側順時針畫一立圓。（圖 5-179—圖 5-181）

2. 承上勢。兩腿屈膝下蹲成歇步，重心放在右腿上；然後，重心移至左腿，起身；兩手逆纏外翻掤於眼前方。（圖 5-182、圖 5-183）

3. 承上勢。左腿呈支撐腿站立，腰左轉，右腳前踢；同時，左手逆纏向左側斜後方畫弧，右手逆纏向前下方畫弧，拍打右腳腳面。（圖 5-184）

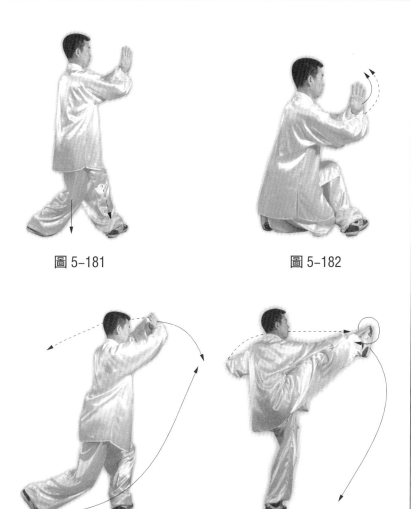

圖 5-181

圖 5-182

圖 5-183

圖 5-184

第三十式　左擦腳

1. 重心在左腿不變，右腳落下，腳尖外擺；兩手順纏，右手向左畫弧，左手向前畫弧，交叉合於右手上。然

圖 5-185

圖 5-186

後，兩腿屈膝下蹲成歇步，重心在左腿上。然後，重心移至右腿，起身；兩手逆纏外翻搼於眼前方。（圖 5-185─圖 5-187）

2. 承上勢。右腿呈支撐腿站立，腰右轉，左腳前踢；同時，右手逆纏向右後方畫弧，左手逆纏向前下方畫弧，拍打左腳腳面。（圖 5-188）

3. 承上勢。右腳尖內扣90°，身體向左轉90°，左腳向左後方落下，腳後跟抬起，前腳掌著地；兩手逆纏上舉至頭部兩側。（圖 5-189）

圖 5-187

【用法】

敵右拳向我打來，我右手接拳，左手扣住，同時提右

圖 5-188　　　　　　　　　圖 5-189

腳踢其襠部，右掌劈向敵後腦。右擦腳與左擦腳用法相同，唯方向相反。

第三十一式　左蹬一根

1. 重心在右腿不變，左腳向前上半步，腳前掌著地，腳後跟抬起，成虛步；同時，兩手順纏向下畫弧，交叉合於腹前。不停，左腳上提，同時身體下頓（坐）；兩手隨身體下頓（坐）逆纏下插。然後，左腳向左側蹬出；同時，兩手順纏變拳向身體兩側橫擊。（圖 5-190—圖 5-192、圖 5-190 附圖、圖 5-191 附圖）

【用法】

敵左拳打來時，我用右手拇指扣在敵手背上，四指扣在敵掌心上，先逆纏後順纏拿住敵手，同時提左腳，腳跟蹬向敵胯部或膝部。

圖 5-190　　　　　　　　　　圖 5-190 附圖

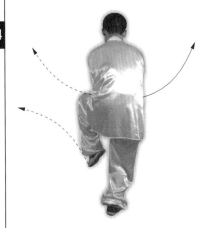

圖 5-191　　　　　　　　　　圖 5-191 附圖

第三十二式　前蹚拗步

1. 重心在右腿不變，腰先左轉後右轉，左腳收回向左後方開步；同時，左手隨腰向左向下、再向右畫弧於腹

圖 5-192

圖 5-193

圖 5-193 附圖

前，右手向右向上、再向左畫弧，與左手交叉合於腹前。
（圖 5-193、圖 5-193 附圖）

　　2. 承上勢。重心在右腿不變，腰右轉；兩手交叉隨腰
右掤。不停，重心移至左腿，兩手交叉上掤。然後，腰左

圖 5-194　　　　　　　　　圖 5-195

轉；左手逆纏隨腰向左畫
弧，掤於左腿上方，與肩
平；右手先順纏後逆纏隨
腰向左、再向下畫弧於右
胯前。（圖5-194—圖5-
196）

3.承上勢。重心在左
腿不變，腰右轉；右手隨
腰向下向外、再向上向裏
畫弧於頸側，指尖輕貼於
脖頸上。然後，腰左轉，

圖 5-196

左腳尖外擺，右腳提起向前踢出；左手順纏變勾手，向左
後方畫弧，略高於肩，右手逆纏向前推出。（圖5-197、
圖5-198）

4.承上勢。重心在左腿不變，右腳向正前方開步，身

圖 5-197   圖 5-198

體向左轉 90°；左勾手逆
纏向左前方掤出，右手向
下向裏畫弧於腹前，掌心
向上。（圖 5-199）

5. 承上勢。重心在左
腿不變，腰左轉。不停，
重心移至右腿；同時，右
手順纏上行前掤，與左手
交叉。然後，腰右轉；同
時，右手逆纏隨腰向右畫
弧，掤於右腿上方，與肩
平（即右單鞭）。（圖 5-200 ─圖 5-202）

圖 5-199

【要點】

兩肘與兩膝相合。

6. 承上勢。重心移至左腿，腰左轉；右手順纏隨腰向

圖 5-200　　　　　　　　　　圖 5-201

圖 5-202　　　　　　　　　　圖 5-203

左上方畫弧，左手逆纏向左下方畫弧於左胯外側。（圖 5-203）

　　7. 承上勢。重心在左腿不變，腰迅速右轉，身體隨之轉 90°；同時，右腳迅速提起，再迅速落地，腳掌外擺；

圖 5-204

圖 5-205

左手先逆纏後順纏隨身體向左向
上、再向右畫弧於左前方，與肩
平；右手逆纏隨身體向右向下畫
弧於右腿外側，掌心向下，五指
向前。（圖 5-204、圖 5-205）

8. 承上勢。重心移至右腿，
左腿向前上一步，腰右轉；兩手
隨腰同步右轉。（圖 5-206）

第三十三式　擊地捶

圖 5-206

1. 上下換手移重心，即重心
移至左腿，左手下行於腹前，右手變拳，上行於右前方，
與頭平。（圖 5-207、圖 5-207 附圖）

2. 承上勢。重心在左腿不變，腰左轉；左手變拳，逆
纏下行於襠前，不停再上行掤於頭左側太陽穴上方；右拳

圖 5–207　　　　　　　　圖 5–207 附圖

圖 5–208　　　　　　　　圖 5–208 附圖

順纏上行至右太陽穴處，再變逆纏下擊於左腿內側，距地面 10～20 公分。（圖 5–208、圖 5–208 附圖）

【要點】

左手上掤與右手下擊成對拉勁，上身仍立身中正，切

圖 5-209　　　　　　　圖 5-209 附圖

忌彎腰低頭。

第三十四式　二起腳

1. 重心移至右腿，腰右轉；右拳順纏掤於胸前方；左肘下行折回，左拳順纏收回，經左肩向下裏合，與右手合於左腹前。（圖 5-209、圖 5-209 附圖）

2. 承上勢。重心在右腿不變，腰迅速右轉發勁；同時，右肘逆纏隨腰向右後方打肘，左手逆纏下行至左腿外側，拳背與左腿相貼，拳心向外。（圖 5-210、圖 5-210 附圖）

【要點】

右肘後擊與左拳下行成對拉勁。

3. 承上勢。左腳尖內扣，重心移至左腿，腰左轉；右拳順纏下行，隨腰向左畫弧於左腹前，左拳也向外向上向裏畫弧於左腹前，兩拳交叉，左拳在裏，右拳在外。（圖

圖 5-210

圖 5-210 附圖

圖 5-211

圖 5-211 附圖

5-211、圖 5-211 附圖）

4. 承上勢。重心在左腿不變，腰迅速右轉發勁，身體隨腰轉 90°，同時，右腳迅速拉回，震腳於左腳內側 10～20 公分處，成右丁步；左拳隨腰由逆纏變順纏，向左向

圖 5-212　　　　　　圖 5-213

下、再向右向上畫弧於左前方，拳心向裏，拳面向上，約與肩平；右拳隨腰由逆纏變順纏，向右向下畫弧於右腿外側，與胯平（即海底翻花）。（圖5-212）

5. 承上勢。重心移至右腿，左腿提起向上騰空彈起，同時，右腳迅速向前踢出；左手由前向後畫一立圓後變勾手掤於左前方，約與眉齊；右手由後向前畫弧，拍擊右腳腳面。（圖5-213）

【要點】

此動作在空中完成，左腿起跳越高，空中動作完成越好。

6. 左腳落地，右腳仍提起，再次向上騰空起跳，同時，左腿迅速向前踢出，然後下落並迅速向前開步；兩手在右腿起跳的同時，由右向下向裏再向外（左）向上再向裏（右）畫弧於右前方，左手在胸前，右手在身體右側，即兩手順時針在胸前畫一立圓。（圖5-214—圖5-216）

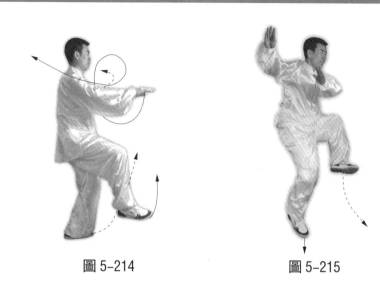

圖 5-214

圖 5-215

圖 5-216

第三十五式　護心拳

1. 承上勢。重心迅速移至左腿，右腿迅速向前方上步，腰左轉；兩手隨腰向左挒，即左手逆纏向左畫弧於左腿上方，右手順纏向左畫弧於胸前。（圖 5-217、圖 5-217

圖 5-217　　　　　　　　　圖 5-217 附圖

圖 5-218　　　　　　　　　圖 5-219

附圖）

　　2. 承上勢。重心移至右腿，腰右轉；同時，左手變拳隨腰向前方打出，拳面向前，拳眼朝上，右手迅速收回腰際。然後，腰左轉；右手變拳迅速隨腰向前打出，拳面向前，拳眼朝上，左拳迅速收回腰際。（圖 5-218、圖 5-219）

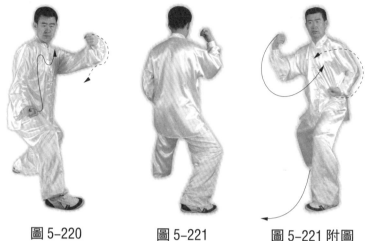

圖 5-220　　　　　圖 5-221　　　　圖 5-221 附圖

3. 承上勢。腰右轉；兩拳在胸前成對拉勁，左拳由下向裏向上向外畫弧，右拳回收至右胯外側。然後，右拳由下向上提起變肘，沉肩墜肘，右拳拳心與肩相對；左拳收回於腹前，腰迅速向左轉（撐腰發勁），右肘向前打出，左肘向後擊出；眼視左前方。（圖 5-220、圖 5-221、圖 5-221 附圖）

【要點】

左右兩肘成對拉勁。

第三十六式　旋風腳

1. 重心移至左腿，腰右轉，右腳上前半步，腳尖外擺；同時，右拳變掌向上向外、再向下向裏畫弧於胸前，左拳變掌向下向外、再向上向裏畫弧，與右手交叉相合，即兩手對稱順時針在胸前畫一個立圓。（圖 5-222）

2. 承上勢。重心在左腿不變，屈膝下蹲，兩手向裏畫

圖 5-222

圖 5-223

弧。然後,重心移至右腿,
起身站立,腰右轉,身體隨
腰右轉 90°;兩手交叉隨腰
向右畫弧。不停,左腿隨腰
外擺裏扣踢出;左手隨腰向
左畫弧,拍擊左腳內側;右
手隨腰向右畫弧,略高於
肩。不停,右腳尖外擺
180°,身體右轉 180°,左腿
向右後方落下,腳前掌著
地,腳後跟抬起;兩手向前
上方外掤。(圖 5-223—圖 5-226)

圖 5-224

　　3. 承上勢。重心在右腿不變,左腳向左橫開一步,然
後重心移至左腿,右腳向左跟進一步;兩手向下向裏、再
向上向外畫弧,與肩平。不停,右腳稍向前邁半步,成右

圖 5-225　　　　　　　　　　圖 5-226

圖 5-227　　　　圖 5-228　　　圖 5-228 附圖

虛步；兩手向下向裏畫弧，交叉合於腹前。（圖 5-227、
圖 5-228、圖 5-228 附圖）

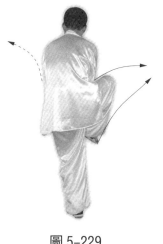

圖 5-229   圖 5-230

第三十七式　右蹬一根

1. 重心在左腿不變，右腿提膝，同時身體下頓（坐）；兩手隨身體下頓（坐）逆纏下插。（圖 5-229）

2. 承上勢。重心在左腿不變，右腳向右側蹬出，同時腰左轉；兩手變拳順纏向身體兩側擊出。（圖 5-230）

第三十八式　披　架

1. 重心在左腿不變，右腿向下向裏收回至左腿前；兩拳逆纏交叉合於腹前，左拳在裏，右拳在外。（圖 5-231、圖 5-231 附圖）

2. 承上勢。重心在左腿不變，左腳尖內扣 90°，腰迅速右轉，身體隨腰轉 90°；左拳隨身體由下向上向外抖出，約與眼齊；右拳隨身體向上向外、再向下砸於右腿外側。（圖 5-232）

圖 5-231　　　圖 5-231 附圖　　　圖 5-232

第三十九式　掩手肱捶

1. 右腳向前方落步，重心移至右腿，開左步成右半馬步，腰右轉；同時，兩手順纏裏合，右拳收於腰際，拳心向上。（圖 5-233）

2. 與第十四式「掩手肱捶」動作 3 相同。（圖 5-234）

第四十式　小擒打

1. 重心在左腿不變，腰先右轉後左轉；右手以腕為軸，先逆纏後順纏畫一小圈；同時，左手以腕為軸，先逆纏後順纏在左腹間畫一小圓。然後，右腿向右前方開步，腰左轉；右拳變掌隨腰向外向下、再向裏畫弧於胸前，左手隨腰向外向上、再向裏畫弧於胸前，與右手交叉，左手在上，右手在下。（圖 5-235、圖 5-236）

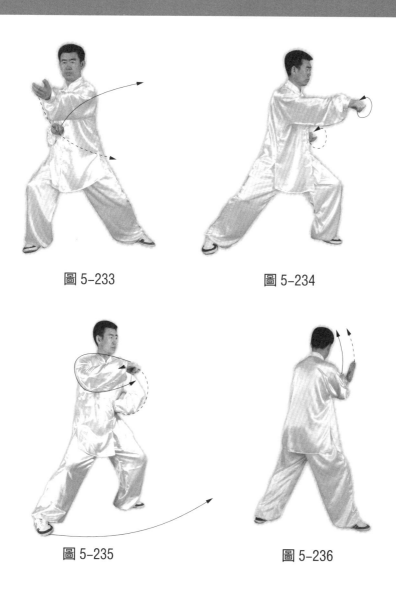

圖 5-233

圖 5-234

圖 5-235

圖 5-236

2. 承上勢。重心在左腿不變，腰左轉，兩手交叉外翻上掤，隨腰同步左轉，高與眼齊；然後，重心移至右腿，腰右轉，兩手交叉隨腰逆纏向右掤。不停，左腿向右前方上一步；同時，左手向左前方推出，右手向頭上方掤起；

圖 5-237

圖 5-238

目視左前方。（圖 5-237、
圖 5-238）

3. 承上勢。重心在右腿
不變，腰右轉；右手逆纏向
右向下畫弧，約與肩平，左
手順纏向右下方畫弧於腹
前。然後，上下換手移重
心，即重心移至左腿，腰左
轉，左手逆纏隨腰向左畫
弧，與肩平，右手順纏向左
下方畫弧於腹前。（圖 5-
239、圖 5-240）

圖 5-239

4. 承上勢。重心移至右腿；左手順纏收回至左肩前
方，掌根與肩平，掌指與眉齊；右手順纏上掤於胸前，掌
心向上，五指向前。（圖 5-241）

圖 5-240　　　　　　　　　圖 5-241

圖 5-242　　　　　　　　　圖 5-243

5. 承上勢。腰右轉；兩手隨腰同步右轉。然後，重心移至左腿，腰迅速左轉發勁；兩手逆纏迅速向左前方推出。（圖 5-242、圖 5-243）

圖 5-244

圖 5-245

第四十一式　抱頭推山

1.重心在左腿不變，右手向前推出。然後，重心移至右腿，左腳尖內扣，重心再移至左腿，腰右轉，身體隨之轉 180°，右腳回收半步，腳前掌著地，腳後跟抬起；兩手順纏隨腰向右下方畫弧，交叉合於腹前。（圖 5-244、圖 5-245）

2.承上勢。重心在左腿不變，腰左轉，身體隨之轉 180°，同時右腿提起向右後方開步；兩手隨腰由下向外向上再向裏畫弧，掌心貼於脖頸兩側。然後，右腳尖外撇，重心移至右腿，腰迅速右轉，左腳收回於右腳內側約 20 公分處，腳尖著地；兩手隨腰迅速向右前下方推出。（圖5-246、圖 5-246 附圖、圖 5-247）

3.承上勢。重心在右腿不變，腰右轉，左手順纏掤出於胸前，右手順纏收回至腰際。然後，腰左轉；同時，右

圖 5-246

圖 5-246 附圖

圖 5-247

圖 5-248

手裏折隨腰向右前方打肘，左掌合於右肘外側。不停，右
手以肘為軸逆纏順時針向外挪出，高與眼齊。（圖 5-
248—圖 5-250）

圖 5-249　　　　　　　　　　　圖 5-250

第四十二式　六封四閉

1. 重心移至左腿，腰左轉；同時，兩手逆纏下捋，行至身體中線時變順纏，至左膝上方，呈托球狀。（圖 5-251）

2. 承上勢。重心移至右腿，兩手上掤至左肩前；接著，腰右轉，左腳跟上於右腳左後側，腳前掌著地，腳後跟抬起；同時，兩手逆纏由左肩前隨腰向右腹前下按；目視右前方。（圖 5-252）

第四十三式　單　鞭

與第五式「單鞭」動作相同。（參見圖 5-31—圖 5-37）

第四十四式　前招後招

1. 腰右轉，兩手左順纏右逆纏向右畫弧。不停，腰再

太極拳能速成嗎

圖 5-251

圖 5-252

圖 5-253

圖 5-254

左轉；左手逆纏向左上方畫弧，掌心向外，約與肩平；右
手順纏向左下方畫弧至左腹前，與左腿有相合之意。（圖
5-253、圖5-254）

2. 承上勢。上下換手移重心，即重心移至右腿，左手

圖 5-255

圖 5-256

下按至左胯前，右手上行（掤），約與肩平。不停，腰右轉；兩手左順纏右逆纏隨腰向右畫弧，左手至右腹前，右手約與肩平。（圖5-255、圖5-256）

圖 5-257

3. 承上勢。上下換手移重心，即重心移至左腿，並做跌叉；右手下按至右腿上方，左手上行掤起，約與耳齊。不停即迅速彈起，右腳尖外擺，身體向右轉約90°，左腳從右腳內側向前方開步，腳前掌著地，腳後跟抬起，成左虛步；左手隨左腿開步順纏向下、向右畫弧於小腹前，右手逆纏隨身體彈起向上、向右畫弧於右前方，約與肩平。（圖5-257、圖5-258）

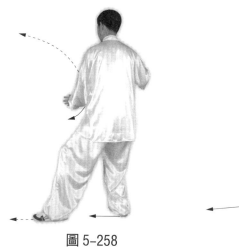

圖 5-258

圖 5-259

4. 承上勢。左腳向前邁一步踏實，右腳迅速跟進向前
戳，腰左轉；同時，左手逆纏向左上方擊出，右手順纏向
左下方擊出。（圖 5-259）

【要點】

此動作發腰勁，兩手同時向前擊出，左手在上約與肩
平，右手在下於小腹前。

5. 承上勢。左腳尖外擺，右腳向前開步，身體向左轉
約 90°，重心在左腿不變；左手逆纏向左畫弧，約與肩
平，右手順纏於右腹前。不停，上下換手移重心，即重心
移至右腿，左手下按至左胯旁，右手上行至左肩旁。不
停，重心移至左腿，腰迅速向右擰；左臂逆纏向裏合，右
臂順纏迅速向右後方打肘。然後，重心移至右腿，腰迅速
向左回擰；左前臂向左上方擊出。（圖 5-260 －圖
5-263）

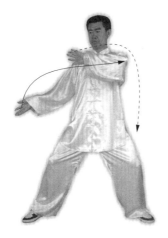

圖 5-260

圖 5-261

圖 5-262

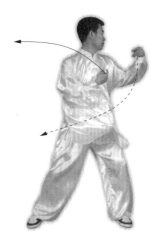

圖 5-263

【要點】

向右擊肘時，擰腰、纏臂、發勁要協調一致。

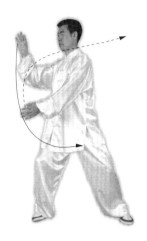

圖 5-264　　　　　　　　　圖 5-265

第四十五式　野馬分鬃

1.重心在右腿不變，腰右轉；兩手左順纏右逆纏隨腰向右畫弧。不停，上下換手移重心，即重心移至左腿，腰左轉，兩手左逆纏右順纏向左畫弧。然後，上下換手移重心，即重心移至右腿，腰右轉；兩手左順纏右逆纏向右畫弧。（圖5-264—圖5-266）

圖 5-266

2.承上勢。上下換手移重心，即重心移至左腿，腰右轉，右腳回收半步，腳前掌著地，腳後跟抬起，成虛步；左手上掤，右手下按。不停，右腿提膝，再向右前約 45°方向開步，然後重心移至右腿，成右弓步；右手隨右腿提膝開步順纏從腰間向斜上方插出，

圖 5-267

圖 5-268

圖 5-269

圖 5-270

左手逆纏向左下方畫弧至左胯旁。（圖 5-267－圖 5-270）

　　3. 承上勢。重心在右腿不變，腰右轉；兩手左逆纏右順纏向右畫弧。不停，重心移至左腿，左腿屈膝下蹲，腰左轉；兩手左順纏右逆纏向左畫弧。然後，右腳尖外擺，

圖 5-271   圖 5-272

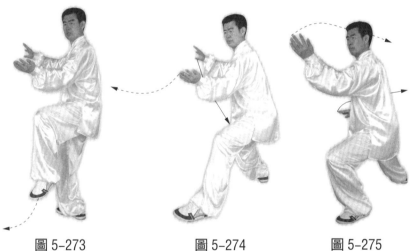

圖 5-273   圖 5-274   圖 5-275

重心移至右腿，起身，左腿提膝，然後向左前約 45°方向開
步，重心移至左腿成左弓步；左手隨左腿開步、移重心順
纏向斜上方插出，右手逆纏向右下方畫弧至右胯旁。（圖
5-271—圖 5-275）

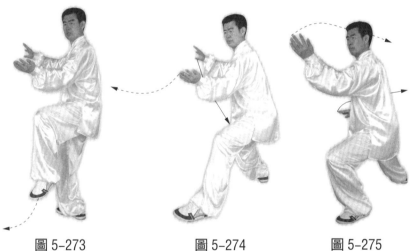

圖 5-276   圖 5-277

第四十六式　六封四閉

1. 重心在左腿不變，腰先右轉後左轉；左手逆纏至右胸前，右手順纏至右腿外側。不停，左腳尖外擺，腰左轉，身體隨腰轉 90°，右腿提起向前上　步；同時，兩手逆時針在身體右側畫圓一圈半。不停，重心在左腿不變，腰繼續左轉；兩手左逆纏右順纏向左畫弧下挒，行至身體中線時變順纏，至左膝上方，呈托球狀。（圖 5-276—圖 5-278）

2. 承上勢。重心移至右腿，兩手上掤至左肩前；接著，腰右轉，左腳回收於右腳左後側，前腳掌著地，腳後跟抬起；同時，兩手逆纏由左肩前隨腰向右腹前下按；目視右前方。（圖 5-279）

<table>
</table>

圖 5-278　　　　　　　　　　　　　圖 5-279

第四十七式　單　鞭

與第五式「單鞭」動作相同。（參見圖 5-31—圖 5-37）

第四十八式　玉女穿梭

1. 重心在左腿不變，腰左轉；兩手左逆纏右順纏向左畫弧，左手約與肩平，右手至左腹前。然後，上下換手移重心，即重心移至右腿，腰右轉，兩手左順纏右逆纏向右畫弧。重心再移至左腿，右腳回撤成右虛步；兩手逆纏下按。（圖 5-280—圖 5-282）

圖 5-280

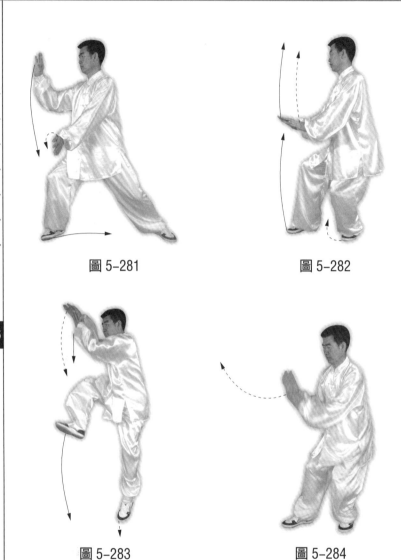

圖 5-281

圖 5-282

圖 5-283

圖 5-284

2. 承上勢。重心在左腿不變，雙腿微屈，然後右上左下向上跳起，再左先右後落下，仍微屈；雙手隨身體上跳順纏向上猛抬，然後隨雙腿下落變逆纏向下猛按。（圖 5-283、圖 5-284）

圖 5-285　　　　　　　　　　圖 5-286

【要點】

雙腿上跳彈起時一上一下，下落時也一上一下，因下落時是兩個聲音，故稱雙震腳。

3. 承上勢。重心在左腿不變，左腿在後微屈，右腳前腳掌著地，腳後跟抬起，腰微右轉；兩手順纏掤於胸前。（圖5-285）

圖 5-287

4. 承上勢。右腿提膝，腰微左轉；左手順纏前掤，右手逆纏收回至左肩內側，身體蓄勁。（圖5-286）

5. 承上勢。右腿前蹬；同時，左手迅速收回至左胸前，右手迅速前擊。（圖5-287）

【要點】

右腳與右手前擊要協調一致。

6. 承上勢。右腳向前邁步落下，腳掌外擺；左手逆纏掤於頭上方，掌心向上；右手逆纏向前擊出，掌心向外，五指向上。（圖5-288）

圖 5-288

7. 承上勢。左腳向右前方上步、內扣，身體右轉180°，右腳隨之向左後方倒插；右手逆纏掤於右前方，約與肩平，掌心向外，左手順纏於左腹前。然後，身體再右轉180°，重心移至右腿；兩手隨身體向右畫弧。（圖5-289、圖5-290）

【用法】

敵右拳向我打來，我用右手叼住敵右手，左手打向敵丹田，同時轉身繞到敵右側，右手放開，用右肘打向敵後背腎部。

第四十九式　懶紮衣

1. 重心在右腿不變，腰左轉；左手順纏至左腿外側，手心向外，掌指向下；右手變拳順纏，貼於胸前，拳心向右。然後，腰右轉發勁，左臂逆纏裏扣，右肘順纏向右後方擊出（打肘）。（圖5-291、圖5-292）

圖 5-289

圖 5-290

圖 5-291

圖 5-292

2. 承上勢。重心在右腿不變，腰右轉；右拳先逆纏後順纏向下向外、再向裏畫弧後墜肘提拳，拳心與肩相對；左手先逆纏後順纏向外向下、再向裏畫弧，掌心向上。然後，腰左轉發勁，右肘向前擊出。（圖 5-293、圖 5-294）

圖 5-293　　　　　　　圖 5-294

圖 5-295

3. 承上勢。重心在右腿不變，腰右轉；右手先逆纏後順纏在身體右側畫一立圓後掤出，與肩平，手心向外，五指向上；左手先逆纏後順纏在左腹側畫一小圓。（圖 5-295）

圖 5-296

圖 5-297

第五十式　六封四閉

與第四式「六封四閉」動作相同。（參見圖 5-22—圖 5-30）

第五十一式　單　鞭

與第五式「單鞭」動作相同。（參見圖 5-31—圖 5-37）

第五十二式　雲　手

與第二十七式「雲手」動作 1 至動作 8 相同。（參見圖 5-161—圖 5-168）

第五十三式　擺腳跌叉

1. 重心移至左腿，腰左轉；兩手同時從右側向下向左、再向上向右畫弧，即順時針在身體前方畫了一圈後回復至原位。（圖 5-296—圖 5-298）

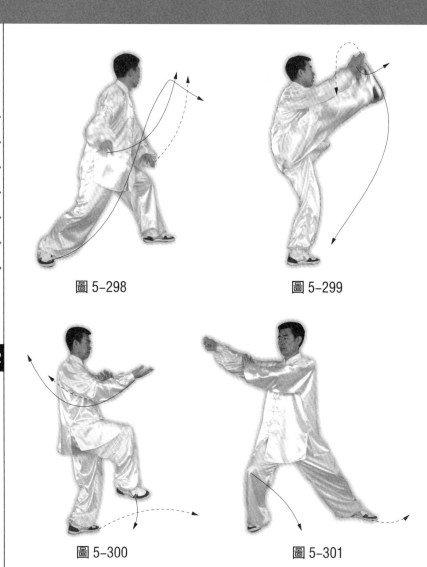

圖 5–298　　　　　　　　　　　圖 5–299

圖 5–300　　　　　　　　　　　圖 5–301

2. 承上勢。重心在左腿不變，提右腿由裏向外擺腳；兩手隨腳外擺而向裏畫弧，先後拍擊右腳腳面。（圖5–299）

3. 承上勢。右腳震腳落下，左腳向正前方開步，重心移至右腿，同時腰右轉；兩手左逆纏右順纏隨腰向右後方畫弧後捋。（圖 5–300、圖 5–301）

4. 承上勢。重心在右腿不變，腰左轉，右腿跌下，左腿伸直，腳跟前蹬；右手變拳隨腰順纏上行，拳心與右太陽穴相對，左手收回至腹前。（圖5-302）

5. 承上勢。身體迅速彈起，重心移至左腿；左手隨重心前移從左腿內側向前掤出，成立掌，五指向上，掌心向右；右拳變掌先逆纏後順纏隨重心前移走下弧向前打出，與左手合於胸前，左掌在上右掌在下；同時，右腳向前從左腳內側邁出，成右虛步。（圖5-303、圖5-304）

圖 5-302

圖 5-303

圖 5-304

圖 5-305

圖 5-306

第五十四式　金雞獨立

1. 重心在左腿不變，腰右轉；左手向前推出，右拳變掌逆纏下行至右胯前。不停，腰左轉，同時右腿提膝；右手順纏與右腿同步上行，當行至與肩齊時，變逆纏向上托起，掌心向上，五指朝後；左手逆纏下行至左腿外側，與胯齊。（圖 5-305、圖 5-306）

圖 5-307

【要點】

右手上托與左手下按成對拉勁。

2. 承上勢。重心在左腿不變，右腳震腳落下；同時，右手下行（採）至右腿外側，與胯齊。（圖 5-307）

3. 承上勢。重心在左腿不變，右腳向右側橫開一小

圖 5-308

圖 5-308 附圖

步,腰左轉;同時,兩手從右下方向左上方畫弧。不停,重心移至右腿,左腿收回成左虛步,腰右轉;右手隨腰逆纏下行收回至胸前,手心向下,五指向左;左手順纏從左上方下行再右行前伸,肘窩與右手合,手心向上,五指向前。(圖5-308、圖5-308附圖、圖5-309)

圖 5-309

4. 承上勢。重心在右腿不變,腰左轉;右手向前推出,左手隨腰逆纏下行至左胯前。不停,腰右轉,左腿提膝;左手順纏與左腿同步上行,當行至與肩齊時,變逆纏向上托起,掌心向上,五指朝後;右手逆纏下行至右腿外

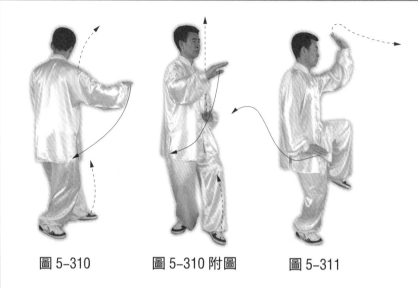

圖 5-310　　　　圖 5-310 附圖　　　　圖 5-311

側，與胯齊。（圖 5-310、圖 5-310 附圖、圖 5-311）

【要點】

左手上托與右手下按成對拉勁。

第五十五式　倒捲肱

與第二十式「倒捲肱」動作相同。（參見圖 5-124—圖 5-131）

第五十六式　白鶴亮翅

與第二十一式「白鶴亮翅」動作相同。（參見圖 5-132—圖 5-137）

第五十七式　斜行單鞭

與第二十二式「斜行單鞭」動作相同。（參見圖 5-51—圖 5-59）

第五十八式　閃通背

與第二十三式「閃通背」動作相同。（參見圖 5–138—圖 5–151）

第五十九式　掩手肱捶

與第二十四式「掩手肱捶」動作相同。（參見圖 5–152、圖 5–153）

第六十式　六封四閉

與第二十五式「六封四閉」動作相同。（參見圖 5–154—圖 5–160）

第六十一式　單　鞭

與第二十六式「單鞭」動作相同。（參見圖 5–31—圖 5–37）

第六十二式　雲　手

與第二十七式「雲手」動作相同。（參見圖 5–161—圖 5–173）

第六十三式　高探馬

與第二十八式「高探馬」動作相同。（參見圖 5–174—圖 5–178）

圖 5-312

圖 5-312 附圖

第六十四式　十字腳

1. 下盤不動；右手以腕為軸，先逆纏後順纏畫一小圓，同時，左手也以腕為軸，先逆纏後順纏在左腹間畫一小圓，兩手復原。（圖 5-312、圖 5-312 附圖、圖 5-313）

圖 5-313

【要點】

兩手畫圓同時進行，左肘與右腕、右肘與左腕有相合之意。

2. 承上勢。重心移至左腿，腰左轉；左手順纏前掤，右手順纏向下向裏畫弧，與左手相合，左手在上，右手在下。不停，腰右轉，身體隨腰轉 180°後坐，右腳腳尖翹起；兩手隨腰交叉上掤於頭前。不停，重心移至右腿，左

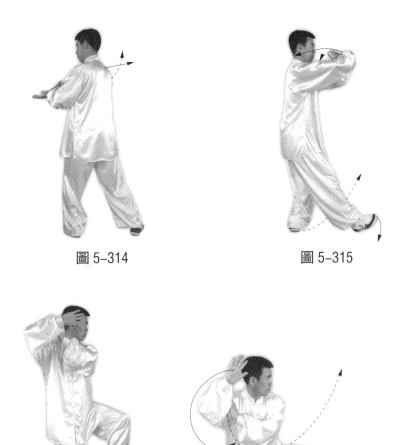

圖 5-314　　　　　　　圖 5-315

圖 5-316　　　　　　　圖 5-317

腿開步成左仆步；左手下行於右胸前，坐腕成立掌，掌心
向外，右掌外挪於右太陽穴上方。（圖 5-314—圖 5-317）

　　3. 承上勢。起身，重心移至左腿，成左弓步，腰先左
轉，後右轉發勁；同時，左手變拳順纏向腹前打肘，右手

圖 5-318　　　　　　　　圖 5-319

圖 5-320　　　　　　　　圖 5-321

也變拳向下向裏畫弧至丹田。然後，腰左轉；左手變掌先
逆纏後順纏裏合，右手變掌先逆纏後順纏至左肘下方。不
停，右腿由裏向外擺腳後後行，左手拍擊右腳面外側後向
左上方行。（圖 5-318—圖 5-322）

圖 5-322

圖 5-323

【要點】

轉腰發勁時，左肘與右膝相合。

4. 承上勢。重心在左腿不變，左腳尖內扣 180°，身體右轉 180°；同時，左手變拳，隨腰順纏至左肩上方，約與太陽穴齊，右手先順纏向上向外、再向身體右下方砸下；右膝向左上方頂出。（圖 5-323）

【要點】

右手向右下方砸去與右膝向左上方頂出要協調一致。

【用法】

假設敵右手向我打來，我左手叼住來手，右手向其脖頸砸去，同時右膝頂其腹部。

第六十五式　金砲捶

1. 右腳震腳落地，重心移至右腿，左腳向斜前方約 45° 開步，腰右轉；兩拳左逆纏右順纏隨震腳開步向下向右畫

圖 5-324

圖 5-324 附圖

圖 5-325

圖 5-325 附圖

圓。不停，重心移至左腿，腰迅速左轉；同時，兩拳左順
纏右逆纏隨腰向左上方打出，也就是兩拳左拳先逆纏後順
纏、右拳先順纏後逆纏，同時在胸前逆時針畫一個圓後向
左上方打出。（圖 5-324、圖 5-324 附圖、圖 5-325、圖 5
-325 附圖）

圖 5-326　　　　　　　　圖 5-326 附圖

圖 5-327　　　　　　　　圖 5-327 附圖

2. 承上勢。腰先右轉後左轉，兩拳左順纏右逆纏從左上方向上向右、再向下向左畫大半個圓。不停，重心移至右腿，腰迅速向右轉；同時，兩拳變左逆纏右順纏向右上方打出，也就是兩拳在胸前順時針畫一個圓後，隨腰轉再向右上方打出。（圖 5-326、圖 5-326 附圖、圖 5-327、圖

圖 5-328　　　　　　　　圖 5-329

5-327 附圖）

第六十六式　指襠捶

1. 重心移至左腿，腰左轉；兩拳變掌，右手順纏向左畫弧，左手逆纏向左畫弧，左臂在上，右臂在下，交叉運行。不停，重心移至右腿；同時，右手變拳回收於腰際，左手變順纏掤於正前方。不停，腰先右轉，然後重心移至左腿，腰迅速向左擰；同時，右拳向正前下方打出，左手迅速收回腰際。（圖 5-328—圖 5-331）

第六十七式　白猿獻果

重心移至右腿，並屈膝下蹲，腰右轉；左手貼於腰間以腕為軸，先逆纏向裏再順纏向外畫個小圈，右手握拳隨腰右轉向右逆纏畫弧。然後，重心移至左腿，起身，左腳尖外擺，身體向左轉約 90°，右腳抽回，右膝向前方頂

圖 5-330

圖 5-331

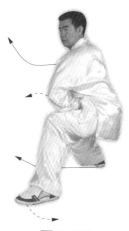

圖 5-332

圖 5-333

出；右拳隨轉體順纏向下向裏、再向上打出至右膝上方，

左拳逆纏前掤。（圖 5-332、圖 5-333）

【要點】

右膝與右肘相合，右膝與右拳在隨身體左轉的同時向

圖 5-334

圖 5-335

右前方擊出。

第六十八式　六封四閉

1. 重心在左腿不變，腰左轉，兩拳變掌向身體兩側展開；同時，右腿向右前方開步，兩手隨腰轉折回貼於脖頸兩側。（圖 5-334、圖 5-335）

2. 承上勢。重心移至右腿，腰右轉；左腳回收於右腳左後側，腳前掌著地，腳後跟抬起；同時，兩手逆纏隨腰向右腹前下按；目視右前方。（圖 5-336）

第六十九式　單　鞭

與第五式「單鞭」動作相同。（參見圖 5-31—圖 5-37）

圖 5-336

第七十式　雀地龍

1. 重心在左腿不變，腰左轉；兩手順纏交叉合於胸前，左手在裏，右手在外。（圖5–337）

圖 5–337

2. 承上勢。重心移至右腿，兩手上掤。不停，腰右轉；右手逆纏向右畫弧至頭右上方後變拳，左手貼右臂順纏下行至丹田變拳。然後，左腳尖外擺，身體下蹲成左仆步，腰左轉，身體向左轉 90°；左拳向下向前行至左腿前。（圖 5–338—圖 5–340）

【用法】

設敵左掌向我打來，我右手向右側逆纏，上左腳踩住敵腳尖，同時左手打向敵下肋。

圖 5–338

圖 5–339

圖 5-340

第七十一式　上步七星

1. 起身，重心移至左腿，成左弓步；右拳先下行再上行至胸前，左拳向外向上、再向裏畫弧交叉合於右拳上；同時，右腳向前邁一步，前腳掌著地，腳後跟抬起，成右虛步。（圖 5-341、圖 5-342）

圖 5-341

圖 5-342

圖 5-343

圖 5-34

2. 承上勢。兩拳左上右下交叉，內翻後變掌下採；同時，右腳後跟下震，使全腳掌著地。（圖 5-343、圖 5-344）

第七十二式　下步跨虎

1. 右腿向右後方撤步；左手上掤於左腿上方，約與肩平，右手下行掤於右胯前。（圖 5-345）

圖 5-345

2. 承上勢。腰左轉，左手逆纏隨腰向左畫弧。不停，重心移至右腿，然後腰右轉，身體向右轉約 90°；右手逆纏向右畫弧。不停，身體後坐，即重心移至左腿；兩手逆纏掤於正前方，掌心

圖 5-346

圖 5-347

圖 5-348

圖 5-349

向下，掌指相對，有相合之意。（圖 5-346—圖 5-348）

　　3. 承上勢。重心移至右腿，然後左腿提膝向前開步，腳後跟著地，腳尖上翹；兩手順纏抱於懷中，左手比右手稍高稍前，右手比左手稍低稍後。（圖 5-349）

【用法】

假設敵雙手向我胸部推來，我雙手向下向裏向上順纏，然後雙手變逆纏下採敵兩臂，同時雙手托住敵肘部，向前方抖出。

第七十三式　轉身雙擺蓮

1. 以左腳腳跟為軸，腳尖內扣約135°後，重心移至左腿，身向右後方轉180°，右腳腳跟著地，腳尖翹起；兩手左順纏右逆纏隨腰右轉而向右後方平行畫弧於胸前，左手掌心向上，右手掌心向下。（圖5-350、圖5-351、圖5-351附圖）

2. 承上勢。重心移至右腿，左腳上提內擺後向前開步，接著，重心移

圖 5-350

圖 5-351

圖 5-351 附圖

圖 5-352

圖 5-352 附圖

圖 5-353

圖 5-353 附圖

至左腿，右腿微屈外擺；兩手左順纏右逆纏向右後方畫弧，
再變左逆纏右順纏向前畫弧，先左手後右手擊打外擺的右腳
腳面。不停，右腳下落回撤；兩手左順纏右逆纏向右畫弧。
（圖 5-352—圖 5-355、圖 5-352—圖 5-355 附圖）

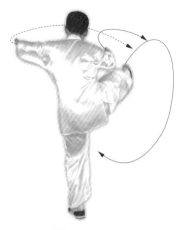

圖 5-354

圖 5-354 附圖

圖 5-355

圖 5-355 附圖

【用法】

　　敵左腳在前右腳在後，雙手拿我右手時，我向前畫掉敵拿勁；同時，左腿向左前方邁步扣住敵前腿，右腿踢向左前方，雙手向右上方帶出。

圖 5-356

圖 5-356 附圖

圖 5-357

第七十四式　當頭砲

1. 右腿向右後方撤步，重心移至右腿，腰右轉；兩手逆纏先向左再向右後方畫弧，變拳放於右腰際。（圖 5-356、圖 5-356 附圖、圖 5-357）

2. 承上勢。重心移至左腿，腰左轉發勁；同時，兩拳順纏隨腰向左前方衝出，在發勁的同時重心迅速移至右腿。（圖 5-358、圖 5-359、圖 5-359 附圖）

圖 5-358

【用法】

敵雙拳打向我肋下時，我雙手下按敵方雙手，左腳上步扣住敵方前腿，前腳回勾時，雙拳打向敵前胸。

| 圖 5-359 | 圖 5-359 附圖 | 圖 5-360 |

第七十五式　金剛搗碓

1. 重心在右腿不變，腰右轉；兩拳變掌左順纏右逆纏隨腰向右平行畫弧。（圖 5-360）

2. 與第二式「金剛搗碓」動作 3 相同，唯方向相反。（參見圖 5-10、圖 5-10 附圖、圖 5-11）

3. 與第二式「金剛搗碓」動作 4 相同，唯方向相反。（參見圖 5-12）

4. 與第二式「金剛搗碓」動作 5 相同，唯方向相反。（參見圖 5-13）

5. 與第二式「金剛搗碓」動作 6 相同，唯方向相反。（參見圖 5-14）

第七十六式　太極還原

1. 重心在左腿不變；兩手由下向外向上、再向裏向下

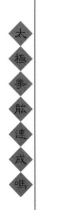

圖 5-361

圖 5-361 附圖

圖 5-362

圖 5-362 附圖

畫弧合於丹田（注意：男右手在裏，左手在外；女右手在外，左手在裏）；同時，重心移至右腿。（圖 5-361、圖 5-361 附圖、圖 5-362、圖 5-362 附圖）

2.承上勢。左腳收回至右腳內側，兩腿並立，兩手交

圖 5-363　　　　　　　　　圖 5-364

又於腹前，意想丹田（肚臍）與命門穴開合三次後，兩手
自然下垂，平心靜氣，收功結束。（圖 5-363、圖 5-364）

【要點】

太極起勢時，演練者面南背北（面北背南）而立，收
勢（太極還原）時則面北背南（面南背北）結束，正符合
太極之陰陽原理，對立統一之客觀規律。

附錄一
推薦書籍

　　筆者利用三年的時間閱讀了上個世紀80年代初期創刊的武術雜誌《中華武術》《少林與太極》《武林》《武魂》《搏擊》《精武》《武術健身》等300多份，認真研閱了50多部有關太極拳的名人名著，花了2000多元購買各流派拳師、大家的光碟，從網上下載了許多早期各派名家、高手的影像資料，採取慢放、回播等方法反覆觀看，仔細研究，汲取了大量的營養。但是，在閱讀過的書籍、雜誌、音像資料中，我感到精品不多，為此浪費了很多時間和精力。為避免同樣的事情發生，特向同仁推薦一些我個人認為是很好的作品和音像資料。

　　書籍與文章類：

　　1. 唐豪、顧留馨著：《太極拳研究》（第3版），人民體育出版社，1996年。

　　2. 本社編：《太極拳全書》（第2版），人民體育出版社，1988年。

　　3. 馮志強編著：《陳式太極拳入門》（修訂本），人民體育出版社，1999年。

　　4. 王宗岳等著、沈壽點校考譯：《太極拳譜》（修訂本），人民體育出版社，1995年。

5. 吳圖南傳授、李璉編著：《楊少侯太極用架真詮》，人民體育出版社，2003 年。

6. 余功保編著：《中國太極拳詞典》，人民體育出版社，2006 年。

7. 余功保編著：《隨曲就伸——中國太極拳名家對話錄》，人民體育出版社，2002 年。

8. 余功保主編：《中國當代太極拳精論集》，人民體育出版社，2005 年。

〔註〕：以上 1.、2.、3.、4.、5.、7.、8.的繁體字版均由大展出版社出版。

音像資料類：

1. 陳小旺：《二路砲捶》，中央新影音像出版社，1997 年。

2. 張志俊：邯鄲第二期培訓班錄影（內部資料）。

3. 馮志強：《二十四式心意渾圓太極拳》，北京體育大學音像出版社，2000 年。

4. 馮志強：《陳式太極拳精練四十八式》，北京文化藝術音像出版社，1998 年。

5.《太極匯宗》，國際文化交流音像出版社，2002 年。

關於太極拳的資料實在太多，而我看的又實在太少。以上是我看過的資料中個人認為是很好的，給我的感覺是先賢大家如王宗岳、陳王廷、陳長興、武禹襄、李亦畬、郝為真、孫祿堂、楊澄甫等人的論述非常好。當然，肯定還有更多、更好的，這裏只是想把自己認為好的推薦給大家而已。筆者認為如果能把以上資料吃透、消化，快速入門足矣！

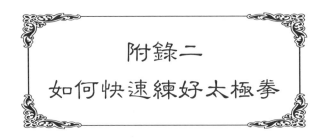

附錄二
如何快速練好太極拳

練家們有句行話：「太極十年不出門。」意思是太極拳出功夫比較緩慢。行家們也都說：「太極拳三年一小成，九年一大成。」種種說法，似乎給太極拳定格了、定性了。然而在飛速發展的當今社會，能否讓太極拳也跟上時代的節拍，適應廣大人民群眾的需要，早出功夫、快出功夫，達到既健身又防身的目的呢？為了尋求這一答案，我盡覽太極拳界前賢名家的論述。

驀然間，李亦畬老前輩的《五字訣·序》映入我的眼簾，讓我為之一振。「……母舅武禹襄……研究月餘，而精妙始得，神乎技矣。」儘管一些名人行家對這句話持懷疑態度，可我卻相信這是一句真話。

每當閒暇，這句話便會出現在我的腦海，讓我反覆思考、揣摩、咀嚼。李老前輩為什麼要這樣說呢？作為一代宗師的李亦畬老前輩，他是不可能說假話的。所以這更加堅定了我尋求快速練好太極拳的信心。

要找一位好老師

2003年夏季，偶然的一次機會，我認識了玄中太極拳的創始人——李金龍。李金龍，1965年生，8歲入少林

寺，7 年後，經少林寺懸緣大師介紹去陳家溝拜陳振文為師，學習陳式太極拳 9 年，期間經常向陳立憲師叔、陳立清師姑學習，研究拳理，切磋拳技，學得陳式大架、小架、四隅捶、三十二捌、四十八發、太極長拳一百零八式、太極刀劍杆棍等技藝。學成後在國內外四處雲遊，訪名家、會高手，被武當山金鼎名劍——張旭道長授予道號「玄中」。李金龍又經過十多年的實踐，將少林拳法的陽剛與武當拳的綿柔融為一體，創立了玄中太極拳。

瞭解了李師傅的簡歷後，我心想得與李師傅試一試，這年頭名大於實的所謂「名人」太多了。到武館我把想法說出來後，李師傅爽快地答應了。我與李師傅剛一搭手，也不知哪來的一股力道，當時只感覺頭腦一片空白就出去了。隨我同去的朋友也不服，上前與李師傅搭手，只一個照面也出去了。我倆當時就下定決心好好學習。之後的一段時間裏，我們利用節假日的空閒時間去武館學拳。李師傅要求比較嚴格，講解細緻，每一個動作都親自示範，手把手地教，每學一個新動作我們都累得胳膊、腿發酸，手腳發軟，汗透衣背方才作罷。時間一天天過去，我的功夫則一日千里，進步神速。

2004 年元旦剛過的一天夜裏，我與朋友及家小吃完飯已接近子時了，回家路過一網吧時，見一女孩被一男子拖出網吧，女孩喊了幾句「我不認識你」之後被男子打了兩個耳光，女孩連喊救命。朋友過去拉架，那男子要與朋友動手。我便跟了過去，左手抓住那男子正揪著女孩衣襟的左手，右手搭在男子的左肩上，嘴裏勸架，兩手卻很自然地做懶紮衣，男子感到受制，鬆開女孩用力一甩肩，我順

著他的勁，一反手同時一轉腰，下意識間便將那男子扔了出去。這件事使我認識到，練太極拳若沒有好老師手把手地教，進步不會這麼快。「千點萬點，不如名師一點」就是這個道理。

要有一定悟性

2003 年 5 月正當「非典」，我帶隊下鄉檢查藥品價格返回時不幸發生車禍，當我被叫醒發現自己滿臉流血沒有死時，既不感到慶倖，也不覺得沮喪，而是呆傻了好幾天。在病床上連想數日，讓我感悟最深的是生死一瞬間。這時我才感到身體是多麼的重要、生命是多麼的可貴，把握住每一天，吾日三省吾身，吾將上下而求索……其實練太極拳與人生一樣，閒時就要反覆琢磨，認真研究，仔細玩味，深刻領悟，甚至如癡如醉，這樣才能產生靈感。悟性一來，動作就規範，用法就理解得透徹，招式、勁法使出來就特別管用。除此之外，還要經常向老師、學員及同行們請教、切磋。

起初，我在做太極起式時並沒有感覺，以為太極起式不過是個過渡動作罷了。師傅看出了我的想法，單用太極起式一招接連打了我五個跟頭。這以後，我才感到太極拳的每一個細小動作，每一個招式踢、打、摔、拿等都有其用意。一次，我學習「後招」時，感覺彆扭、發不出勁來，就去請教。

師傅與我交手就用「後招」將我打倒在他的兩腳間，我以為自己沒有準備好，要再來，師傅同樣一個「後招」又將我打倒，可我還是沒感覺，要求再來，結果照樣倒地

……我立即找師兄弟實驗，卻不好使。師傅就手把手地告訴我這一動作的要領，按照要領一試果然奏效。

學會這招後沒多久的一天早晨，我正在江邊練拳，走過一個一米八多高的青年，非要推手不可。交談間知道此人在哈爾濱市學拳，便讓他打了趟拳，走架的過程中感到青年人有些功底，會發勁。

青年人盤完架後便吹自己如何沒找到過對手，師傅如何了得。在師兄弟們的慫恿下，我便與其推手，找出個破綻，便一個「踏掌」只兩分力道，那青年就被擊退了兩步，緊接著我左手一搭青年的左手，上前一步，一個「後招」便將青年打倒在我的兩腳間。當青年人起來時，我便搭手上步一個「懶紮衣」，青年一給勁，我隨便一反手一轉腰便將其扔了出去。青年連說：「師傅我知道了……」

要苦練基本功

俗話說：拳打千遍其理自現，萬丈高樓平地起。基本功是至關重要的，否則欲速則不達。師傅常說：傳統太極拳與現代太極拳的區別最主要的就在於基本功練習上。現代太極拳由於不注重基本功訓練，已經失去了技擊作用，不能稱太極拳，只能稱太極操了，而傳統太極拳仍然以技擊為了第一要義，要想出真功夫，必須苦練基本功。

在盤架的過程中，比較晦澀難練、單調乏味，這就需要毅力。只要你堅持下去，漸漸地你就會找到樂趣，這樂趣與日俱增，讓你感到一日不練就好像丟了什麼似的。

在訓練的過程中，感覺最讓我長功的是老師總結的一套基本功強化訓練法，每到晚上五六點一個小時的時間，

每人都要打胯 300 次以上，掩手捶要打出 500 次，海底翻花、迎捌肘、打肘、肩靠等動作都要圍繞武館大廳打上 3～5 圈，蠟木杆要不間斷地抖上 10 分鐘，兩人一組的對練如迎門掌、背折靠、搬攔手等要互相做上幾分鐘才行，等等。剛開始，有些忍受不了，經過一段時間的練習後，感覺此項訓練特別好，在快速增長功力的同時還可以把一週來工作、生活等各方面的壓力通過強化訓練釋放出去，帶著一身的輕鬆回家。

在學拳的過程中，最激動人心的場面是下午四五點師徒過招，主要是盤架中對每個動作的用法不理解、不消化時，師傅都會讓前來請教的弟子品嘗一下此招的「滋味」，每當這時每位弟子都會全神貫注地盯著看。師傅從不保守，每招每式都傾囊而授。有時弟子與師傅開玩笑說：「師傅您把招都教了，就不怕我們超過你？」師傅會笑著說：「我盼還盼不來，讓你們早點學去呢？再者說，你們也超不了我。因為，你們誰也沒有吃過我學拳時吃過的苦，從八歲到現在我天天練，每天都打拳 30 遍以上，你們誰下過這樣的工夫呀！」是啊！工夫下到這個份上，心境自然也是與眾不同了。

總而言之，人只要有名師指點，具備一定的悟性，加上自己不斷的修練，就能快速達至學有所成。我學太極拳只兩年，在師傅的耳提面授下，現已基本上能達到聽勁、懂勁、化勁、發力的程度。師傅教導我今後要做的：一是加強基本功訓練，打好基礎；二是切忌語狂、手狂。

後　記

在此書結束之際，還有五點在此說明。

一、本書以一個「快」字為主題，橫向切入，其目的就是讓更多的太極拳愛好者早日步入太極拳的神秘殿堂，可能要引起太極拳界前輩、同仁的不同反響，萬望見諒。本書出版後，能使更多的太極拳愛好者「快」成，即使有所反響，我亦泰然處之。

二、本書力求用現代語言將拳理、功法說清楚、講明白，而儘量避免文言文、專業術語，有可能引起太極拳界前輩、同仁的說長道短，還請海涵。筆者認為，能用現代漢語說明問題，則大可不必引經據典，用「之乎者也」和所謂「術語」來論述。引經據典是太極拳難學的一個重要原因，而筆者的目的是讓初學者覺得簡單、明晰、易懂。

三、本書是筆者在教授拳理、拳法時整理的資料，以教程或者說講稿的形式寫出來的，故有失工整、規範，敬請諒解。

四、「吃水不忘挖井人」。本書在寫作，出版過程中得到了王殿家、田慶利、于萬海、孟文、徐豔玲、段文君、車宇、王博宇、關麗萍等朋友的支持和幫助，在這裏表示衷心的感謝。

五、「我不想說再見」。本書結稿後，我即著手準備寫另外一部書，試圖用萬物類象原理和方法，把生活中的某些與太極拳有關的現象與太極拳的動作聯繫起來，透過生活中的太極原理去表達、闡述太極拳理，讓人們在潛移默化中受到啟迪；還打算寫一部太極拳在防治疑難和常見疾病方面的書籍。總之，我希望我的下部書很快與讀者見面。

我希望太極拳能為人類的健康、長壽服務，願人們由太極拳的修練高高興興每一天、輕輕鬆鬆一百歲！

張武俊

郵箱：zhangwujun5758@163.com
宅電：（0453）7689000

太極拳能速成嗎

導引養生功

1 疏筋壯骨功＋VCD
定價350元

2 導引保健功＋VCD
定價350元

3 頤身九段錦＋VCD
定價350元

4 九九還童功＋VCD
定價350元

5 舒心平血功＋VCD
定價350元

6 益氣養肺功＋VCD
定價350元

7 養生太極扇＋VCD
定價350元

8 養生太極棒＋VCD
定價350元

9 導引養生形體詩韻＋VCD
定價350元

10 四十九式經絡動功＋VCD
定價350元

張廣德養生著作　　每冊定價 3 5 0 元

全系列為彩色圖解附教學光碟

輕鬆學武術

1 二十四式太極拳＋VCD
定價250元

2 四十二式太極拳＋VCD
定價250元

3 八式十六式太極拳＋VCD
定價250元

4 三十二式太極劍＋VCD
定價250元

5 四十二式太極劍＋VCD
定價250元

6 二十八式木蘭拳＋VCD
定價250元

7 三十八式木蘭扇＋VCD
定價250元

8 四十八式太極劍＋VCD
定價250元

彩色圖解太極武術

1 太極功夫扇
定價220元

2 武當太極劍
定價220元

3 楊式太極劍
定價220元

4 楊式太極刀
定價220元

5 二十四式太極拳＋VCD
定價350元

6 三十二式太極劍＋VCD
定價350元

7 四十二式太極劍＋VCD
定價350元

8 四十二式太極拳＋VCD
定價350元

9 楊式十六式太極劍
定價350元

10 楊氏二十八式太極拳
定價350元

11 楊式太極拳四十式＋VCD
定價350元

12 陳式太極拳五十六式＋VCD
定價350元

13 吳式太極拳五十六式＋VCD
定價350元

14 精簡陳式太極拳八式十六式
定價220元

15 精簡吳式太極拳三十八式 拳架・推手
定價220元

16 夕陽美功夫扇
定價220元

17 綜合四十八式太極拳＋VCD
定價350元

18 三十二式太極拳 四段
定價220元

19 楊式三十七式太極拳＋VCD
定價350元

20 楊氏五十一式太極劍＋VCD
定價350元

21 嫡傳楊家太極拳精練二十八式
定價220元

22 嫡傳楊家太極劍五十一式
定價220元

23 嫡傳楊家太極刀十三式
定價220元

養生保健

 古今養生保健法 強身健體增加身體免疫力

醫療養生氣功	2 中國氣功圖譜	3 少林醫療氣功精粹	4 龍形實用氣功	5 魚戲增視強身氣功	7 道家玄牝氣功
定價250元	定價250元	定價250元	定價220元	定價220元	定價200元
8 仙家秘傳祛病功	9 少林十大健身功	10 中國自控氣功	11 醫療防癌氣功	12 醫療強身氣功	13 醫療點穴氣功
定價160元	定價180元	定價250元	定價250元	定價250元	定價250元
14 中國八卦如意功	15 正宗馬禮堂養氣功	16 秘傳道家筋經內丹功	17 三元開慧功	18 防癌治癌新氣功	19 禪定與佛家氣功修煉
定價180元	定價420元	定價300元	定價250元	定價180元	定價200元
20 顛倒之術	21 簡明氣功辭典	22 八卦三合功	23 朱砂掌健身養生功	24 抗老功	25 意氣按穴排濁自療法
定價360元	定價360元	定價230元	定價250元	定價230元	定價250元
27 健身祛病小功法	28 張氏太極混元功	30 中國少林禪密功	31 郭林新氣功	32 八卦之源與健身養生	33 現代原始氣功1
定價200元	定價250元	定價200元	定價400元	定價280元	定價400元
34 開脈太極	35 通靈功—養生祛病及入門功法	37 太極內功養生法	38 無極養生氣功	39 氣的實踐小周天健康法	40 達摩易筋經
定價300元	定價300元	定價180元	定價200元	定價200元	定價350元

太極跤

1 太極防身術

定價300元

2 擒拿術

定價280元

3 中國式摔角
定價350元

簡化太極拳

1 陳式太極拳十三式

定價200元

2 楊式太極拳十三式
定價200元

3 吳式太極拳十三式

定價200元

4 武式太極拳十三式

定價200元

5 孫式太極拳十三式

定價200元

6 趙堡太極拳十三式

定價200元

原地太極拳

1 原地綜合太極二十四式
綜合太極拳 24式

定價220元

2 原地活步太極四十二式
活步太極拳 42式

定價200元

3 原地簡化太極拳二十四式
簡化太極拳 24式

定價200元

4 原地太極拳十二式
太極拳 12式

定價200元

5 原地青少年太極拳二十二式
青少年太極拳 22式

定價220元

6 原地兒童太極拳十播十六式
兒童太極拳（10播16式）

定價180元

健康加油站

1 糖尿病預防與治療

定價200元

2 胃部機能與強健

定價180元

3 不孕症治療

定價200元

4 簡易醫學急救法

定價200元

5 肥胖健康診療

定價200元

6 肝功能健康診療

定價200元

7 高血壓健康診療

定價200元

8 高血糖值健康診療

定價200元

9 尿酸值健康診療

定價200元

10 膽固醇中性脂肪健康診療

定價200元

11 痛風劇痛消除法

定價180元

12 三溫暖健康法

定價180元

13 手・腳病理按摩

定價180元

14 B型肝炎預防與治療

定價180元

15 吃得更漂亮・健康

定價180元

16 茶使您更健康

定價180元

17 圖解常見疾病運動療法

定價180元

18 科學健身改變亞健康

定價180元

19 簡易萬病自療保健

定價220元

20 王朝秘藥媚酒

定價180元

21 立見實效保健操

定價180元

22 越吃越性福

定價200元

23 荷爾蒙與健康

定價180元

24 越吃越長壽

定價200元

25 自我保健鍛鍊

定價180元

26 斷食促進健康

定價180元

27 蔬菜健康法

定價200元

28 水果健康法

定價200元

29 越吃越苗條

定價200元

30 越吃越聰明

定價200元

31 全方位健康藥草

定價200元

32 人體記憶地圖

定價350元

33 提升免疫力戰勝癌症

定價280元

34 腎臟病預防與治療

定價230元

運動精進叢書

1 怎樣跑得快

定價200元

2 怎樣投得遠

定價180元

3 怎樣跳得遠

定價180元

4 怎樣跳的高

定價180元

5 高爾夫揮桿原理

定價220元

6 網球技巧圖解

定價220元

7 排球技巧圖解

定價230元

8 沙灘排球技巧圖解

定價230元

9 撞球技巧圖解

定價230元

10 籃球技巧圖解

定價220元

11 足球技巧圖解

定價230元

12 羽毛球技巧圖解

定價220元

13 乒乓球技巧圖解

定價220元

14 曲線球與飛碟球

定價300元

15 街頭花式籃球

定價280元

16 精彩高爾夫

定價330元

17 巴西青少年足球訓練方法

定價230元

18 籃球個人技術全圖解+VCD

定價300元

19 門球（槌球）入門與提升180問

定價230元

20 美國青少年籃球訓練方式250例

定價280元

21 單板滑雪技巧圖解+VCD

定價350元

快樂健美站

1 柔力健身球

定價280元

2 自行車健康享瘦

定價280元

3 跑步鍛鍊走路減肥

定價280元

4 創造健康的肌力訓練

定價220元

5 舒適超級伸展體操

定價280元

6 水中有氧運動

定價280元

7 雕塑完美身材

定價280元

8 創造超級兒童

定價280元

9 使頭腦變聰明

定價280元

10 防止老化的身體改造訓練

定價280元

11 三個月塑身計畫

定價280元

12 懶人族瑜伽

定價280元

13 練瑜伽

定價240元

14 忙裡偷閒練瑜伽祛病養生篇

定價240元

15 健身跑激發身體的潛能

定價200元

16 中華鐵球健身操

定價180元

17 彼拉提斯健身寶典

定價280元

18 全身保健操＋VCD

定價280元

19 瑜伽美姿美容

定價180元

20 豐胸做自信女人

定價200元

21 輕鬆瑜伽治百病

定價280元

22 瑜伽秀體小品

定價280元

23 熱舞瘦身小品

定價280元

24 整形打造美麗

定價250元

25 排毒頻體熱瑜伽

定價350元

國家圖書館出版品預行編目資料

太極拳能速成嗎/張武俊　著
——初版，——臺北市，大展，2009〔民98.11〕
面；21公分 ——（武術特輯；117）
ISBN　978－957－468－714－5（平裝）

1.太極拳
528.972　　　　　　　　　　　　　98016361

太極拳能速成嗎

著　　　者/張武俊
責任編輯/謝建平
發 行 人/蔡森明
出 版 者/大展出版社有限公司
社　　　址/台北市北投區（石牌）致遠一路2段12巷1號
電　　　話/（02）28236031・28236033・28233123
傳　　　眞/（02）28272069
郵政劃撥/01669551
網　　　址/www.dah-jaan.com.tw
E－mail／service@dah-jaan.com.tw
登 記 證/局版臺業字第2171號
承 印 者/傳興印刷有限公司
裝　　　訂/建鑫裝訂有限公司
排 版 者/弘益電腦排版有限公司
授 權 者/北京人民體育出版社
初版1刷/2009年（民98年）11月

定　價/220元

大展好書　好書大展
品嘗好書　冠群可期

大展好書　好書大展
品嘗好書　冠群可期